Hugo M. Enomiya-Lassalle · Weisheit des Zen

HUGO M. ENOMIYA-LASSALLE

WEISHEIT DES ZEN

HERAUSGEGEBEN
VON BOGDAN SNELA

KÖSEL

Mit Tuschzeichnungen von *Thomas Reich,* Deisenhofen: S. 13, 17, 27, 31, 35, 41, 45, 49, 51, 53, 59, 67, 71, 75, 83, 89, 93, 97, 107, 111, 117, 121, 145, 147, 151; *Marlene Illner,* Friedberg: S. 22, 23, 63, 79, 101; *Tatsuiko Yokoo,* Wriebzen-Metzdorf: S. 123, 125, 127, 129, 131, 133, 135, 137, 139, 141, 143.

ISBN 3-466-20437-2

Druck und Bindung: Kösel, Kempten
Umschlag: Elisabeth Petersen, München
Umschlagmotiv: Farbtuschezeichnung von Thomas Reich, Deisenhofen b. München

1 2 3 4 5 · 02 01 00 99 98

Gedruckt auf umweltfreundlich hergestelltem Werkdruckpapier
(säurefrei und chlorfrei gebleicht)

INHALT

Vorwort des Herausgebers 9

Schritte zum Zen 13

Mystik und soziales Engagement 14
Erste Kontakte mit dem Zen 15
Besuch im »Eimeiji«, 1943 16
6. August 1945, 8.15 Uhr 19
Verletzung und Rettung 20
Die Idee der Friedenskirche 21
Das ethische Problem mit der Atombombe 24
Der Mensch der Zukunft – ein Mystiker 25
Zen-Exerzitien, 1956 26
Der Durchbruch in Deutschland 28
Die geistige Not im Westen 29

Die Entdeckung der Mystik 31

Zur Synthese zwischen Ost und West 32
Die Erneuerung durch östliche Spiritualität 33
Zur Wiederentdeckung der Mystik 34
Die Krise – eine neue Chance 37
Gemeinsame Suche nach religiöser Heimat 38
Der Umweg durch den Osten 39
Der Weg zur Wesensschau 40
Auf der Suche nach dem geistigen Urgrund 42

Taborlicht 43
Meditatives Tun 44
Ein neuer Zugang zu Gott 46
Zen – Hilfe für die Gesundheit 47
Indien – »Guru der Welt«? 48
Der neue Mensch – ein Mystiker 50

Die vierte Dimension des Bewusstseins 51

Der sterile Mutterboden wird fruchtbar 52
Der neue Mensch 55
Der neue Mensch wird ein Erleuchteter sein 56
Die Integration des neuen Bewusstseins geht weiter 57
Ende der Philosophie 58
Drei Kriterien des neuen Bewusstseins 60
Den Streß überwinden durch die Zeitfreiheit 61
Das Dilemma unserer Zeit 62
Den extremen Dualismus überwinden 64
Unterwegs zur Vierten Dimension des Bewusstseins 65
Das Diskursive und das Intuitive 66
Das Bewusste und das Unbewusste im Alltag 68
Neues Bewusstsein jenseits üblicher Bewusstseinszustände 69
Absolute Leere: unterwegs zum Absoluten 70
Meditation ist kein Selbstzweck 73

Zazen – Sitzen wie der Berg Fuji 75

Radikaler Weg 76
Meditationskräfte 77
Hat Ihnen der Tee geschmeckt? 78

Zen und Kultur 80
Der Tee schmeckt jedem gleich 81
Zwischen Entsagung und Freude 82
Zen ist harte Arbeit 84
Zen-Übung – ein sehr ernstes Anliegen 85
Leitung durch den Zen-Meister 86
Atmung als Weg zum wachen Nichtdenken 87
Schwierigkeiten mit dem Nichtdenken 88
Shikantaza – konzentrierte Geistesgegenwart 91
Kôan – eine Schranke ohne Tor 92
Zum Versenkungsvorgang 94
Zanmai: Zeichen der nahenden Erleuchtung 95

Die Erleuchtung ist nur der Anfang 97

Die Kraft der Erleuchtung 98
Der Heilige der Zukunft – ein Erleuchteter 99
Kraftzentren des erleuchteten Universums 100
Im Grashalm das Absolute sehen 102
Jenseits von Gut und Böse 103
Zwei Weisen einer Erfahrung 104
Erleuchtung – Satori – Kensho 105
Das große und das kleine Ich 106
Erleuchtung – eine reine Tatsache 109
Erleuchtung – eine hochwertige Erfahrung 110
Krafteinsatz vor und nach der Erleuchtung 112
Im Labyrinth der Läuterungswege 113
Erleuchtung: ein Punkt, wo das Reden aufhört 114
Auswertung des Satori 115
Erleuchtung ist nur der Anfang 116
Satori: Der Weg zur menschlichen Reife 119

Zen-Weg oder: Die zehn Ochsenbilder 121

Die zehn Ochsenbilder 122
Die Suche nach dem Ochsen 124
Das Finden der Ochsenspur 126
Das Finden des Ochsen 128
Das Fangen des Ochsen 130
Das Zähmen des Ochsen 132
Die Heimkehr auf dem Rücken des Ochsen 134
Der Ochs ist vergessen, der Hirte bleibt 136
Die vollkommene Vergessenheit von Ochs und Hirte 138
Zum Ursprung zurückgekehrt 140
Das Betreten des Marktes mit offenen Händen 142

Zeugnisse der Weg-Gefährten 145

Yamada Kôun Rôshi: Der Meister im Leben 146
Karlfried Graf Dürckheim: Er lebt das, was er verkündet 148
Philip Kapleau Rôshi: Lebendiges Beispiel 149
Raimon Panikkar: Begegnung in der Tiefe 150
Bede Griffiths: Er hielt das Misstrauen durch 153
Franz Hengsbach: Ein glaubwürdiger Priester 154
Heinrich Dumoulin: Im christlich-buddhistischen Dialog 155

Autoren 156

Quellennachweis 157

Vorwort

Hugo Makibi Enomiya-Lassalle, geboren 1898, wäre am 11. November 1998 hundert Jahre alt geworden. Er starb am 7. Juli 1990 kurz vor seinem 92. Geburtstag. Sein japanisch-deutscher Name fasst sein langes Leben zusammen: Hugo Lassalle, ein deutscher Hugenottennachfahre geht 1929 als Jesuitenpater und Missionar nach Japan, bleibt dort sechzig Jahre lang und teilt das Schicksal des japanischen Vokes zunächst in der Sozialarbeit im Armenviertel von Tokyo, dann als Verwundeter beim Abwurf der Atombombe in Hiroshima 1945 und schließlich als japanischer Staatsbürger 1948 mit dem zweiten Namen Makibi Enomiya. 1960 errichtet Enomiya-Lassalle sein erstes Zen-Zentrum in der Nähe von Hiroshima, sein zweites Zentrum Shinmeikutsu (Höhle des göttlichen Dunkels) entsteht in der Nähe von Tokyo 1968/9. Von dort pendelt er seit 1968 zwischen Japan und Europa und widmet sich ausschließlich der Zen-Unterweisung. Tausende Japaner und Europäer folgen ihm fasziniert auf diesem Weg, nehmen teil an seinen Zen-Sesshins, lesen – auch nach seinem Tod – seine Bücher, üben Zen unter den Zen-Meistern und -Lehrern, die durch seinen Anfangsimpuls und durch seine Vermittlung zu seinem letzten Zen-Meister Kôun Yamada Rôshi in die Lehre gegangen sind und nun Tausende Zen-Schüler betreuen und neue Zen-Lehrer ausbilden. Dieser Pionier des Zen im Westen hat eine Kette von Entwicklungen ausgelöst, welche die spirituelle Landschaft in Europa wesentlich neu orientiert hat: Zen und christliche Mystik kamen in fruchtbare Berührung.

Die vorliegende Auswahl kurzer Texte Lassalles ist eine Hommage für meinen ersten Zen-Lehrer, dessen Zen-Weisheit auch mein Leben total neu orientiert hat – sowohl beruflich als auch persönlich. Begegnet bin ich Pater Lassalle zum ersten Mal 1986 in Dietfurt zur Besprechung seines Buches, das ich als Lektor gerade zum Druck vorbereitet hatte. Danach sind wir kurz in den Meditationsraum gegangen. Er hat mich zum gemeinsamen Sitzen zu zweit eingeladen. Als er mich im Fersensitz meditieren sah, sagte er: »Diese Sitzart ist gut zum Dokusan (Gespräch mit dem Meister), beim Zazen sitzt man so« – und zeigte mir, wie man im vollen Lotus sitzt.

Die gegenstandslose Meditation beginne ja mit der Körperübung, die Haltung des Körpers sei Ausdruck der Weisheit des Geistes. Diese erste Begegnung hat einen untilgbaren Eindruck hinterlassen. Ich bin Lassalles Zen-Schüler geworden. Weitere Bücher Lassalles folgten. Der Dialog der Religionen und die östliche Spiritualität gehören seitdem im Gleichschritt mit christlicher Mystik zum festen Bestandteil meiner Verlagsarbeit und gesamten Lebensauffassung.

In diesem Buch sind nun prägnante Kurztexte Lassalles ausgewählt, in sechs Kapiteln thematisch geordnet, mit Tuschzeichnungen von drei Künstlern – Zen-Meditierenden – versehen und mit Zeugnissen von einigen seiner berühmten Weg-Gefährten abgeschlossen. Wir folgen im ersten Kapitel den »Schritten zum Zen«, die den jungen Jesuiten unbeirrbar zur Integration der christlichen Mystik mit dem östlichen Zen führten. »Die Entdeckung der Mystik« ist im zweiten Kapitel von Lassalle als Ergebnis einer gemeinsamen Suche nach religiöser Heimat für unsere krisenreiche Zeit geschildert. Unter dem Einfluss der modernen philosophisch-naturwissenschaftlichen Weltanschauung reflektiert Lassalle im dritten Kapitel »die vierte Dimension des Bewusstseins«, die das Zeitalter des rationalen Bewusstseins im Westen bereits abzulösen beginnt. Unter den Wegen des neuen intuitiven Bewusstwerdens ist für Lassalle im vierten Kapitel das »Zazen – Sitzen wie der Berg Fuji« der radikalste und der weitgehendste. Im fünften Kapitel »Die Erleuchtung ist nur der Anfang« charakterisiert Lassalle den Kern aller mystischen Wege, die Erleuchtung u.a. als einen Punkt, wo das Reden aufhört und das radikal veränderte Leben anfängt. Wie dies in der Zen-Tradition bildhaft-intuitiv aufgefasst wurde, schildert Lassalle im sechsten Kapitel »Zen-Weg oder: Die zehn Ochsenbilder«. Im siebten abschließenden Kapitel kommen berühmte Persönlichkeiten zum Wort, die in der Begegnung mit Enomiya-Lassalle Wichtiges für unsere Zeit erfahren haben. Möge dieses Buch an einen der wichtigsten spirituellen Zeugen unseres Jahrhunderts erinnern, dessen Botschaft Wege ins dritte Jahrtausend weist und vielen als Vermächtnis gilt. Nicht nur den Zen-Übenden und -Interessierten, sondern allen, die auf der Suche nach spiritueller Heimat sind, sei dieses Buch in die Hände gegeben.

München, im Januar 1998
Bogdan Snela

Hinweis zu den Bildern:

Für die meditativen Tuschzeichnungen dieses Bandes gilt Folgendes:
»Meine Tuschebilder entstehen aus einem unmittelbaren *Impuls* heraus. Dieser entwickelt sich aus der Meditation, aus Phasen des inneren Stillstands, des nicht Anhaftens am Gedankenstrom. Mal konzentriert auf ein Blatt, mal wie eine Bildergeschichte, Bilder im Rhythmus des Atems, poetischer: *Impulse* aus dem ungestalteten Chaos, aus Traumsequenzen, oder visionären Raum.«

Thomas Reich

Schritte zum Zen

Mystik und soziales Engagement

Ich habe mein zweijähriges Noviziat und die ersten beiden Jahre des Philosophiestudiums in Holland verbracht und das dritte Jahr in England, nachdem ich mich für Japan gemeldet hatte. Die ersten zwei Jahre des Theologiestudiums absolvierte ich wiederum in Holland, die zwei anderen Jahre und den Abschluss in England.

Nachdem ich im Orden war, habe ich jährlich die ignatianischen Exerzitien gemacht. Ich interessierte mich schon damals für die Mystik. Ignatius von Loyola war ja ein großer Mystiker. Das dritte Probejahr, eine Art des erneuerten Noviziats nach der Priesterweihe, verbrachte ich in Frankreich. Der Leiter des dortigen Hauses gab uns auf, Johannes vom Kreuz und Teresa von Avila zu lesen, was ich auch mit großem Interesse tat.

Ich habe mich selbst für die Mission gemeldet. Wenn ich nach Japan gehen sollte, war mein Ideal, im Armenviertel zu wohnen. So ging ich nach Japan mit diesen zwei Ideen im Kopf: im Armenviertel zu wohnen und Zen konkret und praktisch kennen zu lernen. Zum Zen bin ich deswegen gekommen, weil dies eine typisch japanische Sache ist. Und weil Zen die Japaner und ihren Charakter sehr stark beeinflusst hat. Als ich also nach Japan gehen sollte, habe ich mir gesagt: »Wenn du das Zen richtig studierst, dann wirst du die Japaner besser verstehen«. Das war mein Motiv für das Interesse am Zen. Das Motiv für die Arbeit im Armenviertel war ganz anderer Natur, es war geprägt durch die schlichte christliche Nächstenliebe, und die sollte nicht theoretisch bleiben, sondern in der Praxis konkret werden, im Leben mit den Armen: Da ich nicht von meinem Ordenshaus hin und zurück pendeln wollte, habe ich dieses Zentrum mitten im Armenviertel gegründet. Dazu kam noch eine andere Idee: Studenten aus Tokyo sollten sich daran beteiligen. Dafür hatte ich gute Vorbilder in England und in den USA.

Erste Kontakte mit dem Zen

Durch die Beschäftigung mit dem Zen habe ich mit dem Sitzen im Sinne des Zen schon in Holland während des Studiums angefangen, und zwar zunächst in dem gewöhnlichen Hock- bzw. Fersensitz. Den Lotus-Sitz habe ich dann erst in Japan gelernt. Sobald ich nach Japan kam, habe ich Kontakt mit der bekannten Zen-Sekte »Soto« aufgenommen. Da habe ich auch die ersten Zen-Meister kennen gelernt, u.a. Watanabe Genshu. Er hat mich ganz am Anfang in der Soto-Schule in Yokohama als Zen-Meister geführt. Dann kam der Krieg dazwischen.

Während des Krieges habe ich auch in der Nähe von Hiroshima Kontakte mit den Zen-Leuten gehabt. In der Nähe von Hiroshima war ein Zen-Meister in einem Tempel, um den sich ein Kreis von Zen-Leuten gesammelt hat, wo ich auch hingegangen bin. Der Rinzai-Tempel hat auch seinen Wirkungskreis in der Stadt selbst. Diese Gruppe kam regelmäßig zusammen, um zu meditieren. Das dauerte aber nicht lange, es wurde immer schlimmer um die Stadt Hiroshima, die eine wichtige Verbindungsstadt während des Krieges war.

In Hiroshima fand ich auch seit 1939 Gelegenheit, mit Universitätsprofessoren, die im Zen theoretisch und praktisch bewandert waren, über Zen zu sprechen. Sie empfahlen mir verschiedene Bücher, rieten aber gleichzeitig dringend, einmal in einem Tempel oder Kloster das so genannte Sesshin – nennen wir es Zen-Exerzitien – mitzumachen. Das sei notwendig, um die Bücher mit Gewinn lesen zu können, und außerdem sei Zen vor allem Praxis und nicht Theorie. Von da ab suchte ich eine Gelegenheit, solche Exerzitien mitzumachen. Gleichzeitig suchte ich mich durch Übung der bei der Meditation vorgeschriebenen Körperhaltung vorzubereiten.

Besuch im »Eimeiji«, 1943

Die ersehnte Gelegenheit für das »Sesshin« fand sich in Tsuwando, einem Zen-Tempel oder Kloser, genannt »Eimeiji«. Dieser Tempel schien besonders geeignet, weil sich dort eine Art Noviziat für junge Leute, die später Bonzen werden wollten, befand. Tsuwano ist eine kleine Stadt in der Provinz Shimane, idyllisch in einem schönen Bergtal gelegen.

Auf das Ertönen des Gongs begeben sich alle in den Meditationsraum und nehmen mit dem Gesicht gegen die Wand, an der sich weder ein Bild noch sonst etwas befindet, was die Eintönigkeit unterbrechen könnte, an der für jeden bestimmten Stelle auf einem runden Kissen Platz, d.h. darauf setzt man sich und schlägt die Beine übereinander. Dabei muss die Wirbelsäule kerzengerade sein. Die Hände legt man vor sich in bestimmter Weise zusammen. Weder spricht jemand ein Wort, noch hört man auch nur den Laut einer Bewegung. So sitzt man da ein oder zwei Stunden.

Womit beschäftigt sich der Geist während der Sitzung? Man kann vielleicht sagen: Der Geist soll frei sein von allem Denken im gewöhnlichen Sinne, damit er bereit wird, die »Erleuchtung« zu erfahren. Diese Erleuchtung ist eine neue Art der Erkenntnis, sie ist intuitiv und wird als Wesensschau bezeichnet. Sich eine klare Vorstellung von dieser Schau zu machen, ist nur möglich für den, der sie erlebt. Sie aber in gewöhnlichen Ausdrücken, d.h. allgemein verständlich zu beschreiben, ist auch diesem unmögich. Wem diese Schau gegeben ist, der fühlt sich frei und stark, mit allem fertig zu werden. Er bereut nicht die Opfer, die er gebracht hat, um sie zu erlangen, möchten es auch Jahrzehnte der Übung gewesen sein. Es gehört ein großer Glaube und noch größere Ausdauer dazu, sich dieser Meditation hinzugeben, bis die ersehnte Stunde kommt. Andererseits ist aber die Mühe auch nicht vergebens, falls jemand nicht zur vollen Erleuchtung kommt.

6. August 1945, 8.15 Uhr

Es kam der 6. August. Es war ein sehr schöner Morgen, keine einzige Wolke am Himmel. Um 7.30 Uhr gab es Fliegeralarm. Über der Stadt erschienen zwei oder drei Flugzeuge. Wir machten uns keine Sorge, denn es war schon so oft passiert, dass sie erschienen und wieder verschwanden. Eine halbe Stunde später war Entwarnung. Ich war inzwischen in mein Zimmer zurückgegangen, um meine tägliche Arbeit fortzusetzen. Nach acht hörte ich wieder Motorengeräusche, aber diesmal gab es keinen Alarm. Ich wollte aber doch die Flugzeuge sehen und aus diesem Grund unterbrach ich meine Arbeit, um hinauszugehen. Es war genau 8.15 Uhr, als ich vor meinem Schreibtisch stand und im Begriff war, das Zimmer zu verlassen. In diesem Moment strahlte innerhalb und außerhalb des Hauses ein eigenartiges Licht auf. Man hätte es mit einem Blitz vergleichen können, aber es war nicht genau dasselbe, und in keinem Moment dachte ich, dass es ein Blitz sein könne. Außerdem war so gutes Wetter an dem Morgen, dass jeder Gedanke an ein Gewitter ausgeschlossen war.

Ich hatte kaum Zeit, mir die Frage zu stellen: »Was ist das?« ... Denn es vollzog sich in Sekundenschnelle. Der nächste Moment ist schwer zu beschreiben. Das ganze Haus schien mit großem Lärm einzustürzen, und im Zimmer flog alles durcheinander, Glas, Holz, Bücher, und was es sonst noch gab. Als ich das Licht sah, hörte ich keinen Laut: Da das Licht schneller ist als der Ton, waren die Folgen schon eingetreten, bevor ich mit meinen Ohren den Krach der Explosion hören konnte. Anderseits war die anschließende Dunkelheit nicht Folge einer Verblendung meiner Augen, sondern das Resultat der dichten Staubwolke, die entstanden war, als alles um mich herum zusammenstürzte, und vielleicht war sie auch durch die Wolken, die die Explosion verursachte, entstanden. Fenster, Scheiben, Rahmen, Türen, Decken, alles mit Ausnahme des Grundgerüstes hatte die Erschütterung nicht überstanden.

Verletzung und Rettung

Zwei von uns Jesuiten waren schwer verletzt. Man half uns in ein Boot und brachte uns zur nächsten Brücke. In der Nähe derselben befanden sich viele Leute; ich dachte zuerst, sie warteten da, bis das Feuer sich gelegt haben würde, aber als wir in die Nähe kamen, riefen sie um Hilfe. Alle waren schwer verwundet und konnten sich nicht bewegen. In dieser Situation konnten wir nichts für sie tun und mussten an ihnen vorüberfahren. Um zwei Uhr morgens kamen wir im Noviziat an. Dort konnten unsere Wunden zum ersten Mal behandelt werden, und zwar vom Rektor des Hauses, der vor seiner Priesterweihe Medizin studiert hatte einschließlich klinischer Praxis. Aber wir beide waren nicht die einzigen Patienten. Dort waren etwa achtzig Verwundete. In den meisten Fällen hatten sie Brandwunden. Die Patres und Studenten hatten sie unterwegs aufgelesen, oder sie waren selbst zum Noviziatshaus gekommen.

Dieses hatte mitsamt der Kapelle schwer unter dem Bombenangriff gelitten, obwohl es mindestens 5 km vom Zentrum entfernt lag. Es sah dort folgendermaßen aus: Auf der Stadtseite waren alle Fenster völlig zertrümmert, nicht nur die Scheiben, sondern auch die Holzrahmen. Drei Säulen an der Außenseite der Kapelle waren ebenfalls zerstört sowie viele Türen im Inneren des Hauses. Die Decke hatte sich verschoben, und überall auf dem Fußboden lagen Scherben. Die Dachziegel auf der Seite zur Stadt, waren durch den Luftdruck abgerissen worden. Aber das Haus konnte benutzt und in ein Krankenhaus verwandelt werden.

Die Idee der Friedenskirche

Als ich einigermaßen gehen konnte, bin ich sofort in die Stadt gegangen, weil es keinen Transport gab. Wir sind zu unserer Wohnstätte gelangt, um zu schauen, wie es da aussieht. Wir haben zunächst eine Hütte aus Blech gebaut und sind mit Pater Cieslik einige Monate dort geblieben. Das war der neue Anfang.

Die Idee des Baus einer Friedenskirche ist ziemlich bald entstanden, unmittelbar aus meinem Erlebnis der Atombombe. An der Stelle unserer restlos zerstörten Kapelle sorgten wir für den Ausbau der Friedenskirche. Sie wurde genau auf dieser Stelle gebaut.

Dieses Geschehen hat auch manches in meinem persönlichen Leben geändert. Ich wollte schon früher japanischer Staatsbürger werden, aber in der Zeit des Krieges war das sehr schwierig, sogar unmöglich. Die Anträge waren vor dem Ende des Krieges einfach abgelehnt worden. Bei mir war das nicht der Fall, sondern man hatte meinen Antrag aufgeschoben, ohne über den Ausgang zu entscheiden. Nach dem Kriege habe ich meinen Antrag erneuert und mit dem deutschen Konsul gesprochen. Er hat meine Einbürgerung sehr befürwortet, aber zugleich mir die Chance gegeben, die deutsche Staatsangehörigkeit, die im Falle der Annahme der japanischen Staatsbürgerschaft verloren gehen müsste, für diesen Fall wieder zurückzubekommen. Mein Rechtsanwalt hat mir noch während des Krieges die Begründung meines Antrags aufgesetzt und eingegeben. Nach Schluss des Krieges habe ich mich von neuem bemüht – und ich erhielt die Zusage ohne Rechtsanwalt. So kam es dann zu meiner japanischen Staatsbürgerschaft im Jahr 1948.

愛

Das ethische Problem mit der Atombombe

Wenn man nicht bei den kalten wissenschaftlichen Erkenntnissen ihrer Erfindung bleiben will, dann genügt es, vom menschlichen Aspekt her die Auswirkungen der Atombombe zu betrachten. Es geht um eine furchtbare Waffe, die nicht nur durchschlagend wirkungsvoll, sondern zudem noch grausam ist. Wird sie bei der Zivilbevölkerung angewandt, ist sie die grausamste, die man in einem Krieg anwenden kann. Kein Wunder also, dass man so häufig fragt, ob es ethisch zu verantworten ist, so eine Waffe zu gebrauchen. Wir, die ihre äußerst katastrophalen Folgen erlitten haben, sind oft nach unserer Meinung gefragt worden.

Das ethische Problem, das die Erfindung der Atombombe aufwirft, überlassen wir der freien Diskussion der Leser. Wir können nur das eine mit Sicherheit und aufgrund unserer eigenen Erfahrung in Hiroshima sagen: Wenn die Atombombe im neuen Krieg eingesetzt werden sollte, würden die Kriegsfolgen noch viel verheerender sein als in diesem letzten. Wir sind überzeugt, dass auf der Basis von internationalen Vereinbarungen die Atombombe als Kriegswaffe ausgeschlossen wird. Die Realisten werden das allerdings leugnen. Und sie haben Gründe dafür. In einem totalen Krieg unserer Zeit wird jedes Land die wirkungsvollsten Vernichtungswaffen einsetzen, die es besitzt, genauer gesagt, Waffen, die am durchschlagendsten die Vernichtung des Gegners gewährleisten, um so schnell wie möglich der Sieger in diesem Krieg zu sein. Die Frage, die sich hinsichtlich der ethischen Verantwortbarkeit der Atombombe stellt, läuft also darauf hinaus: ob ein totaler Krieg erlaubt ist oder nicht, als Mittel, um ein Ziel zu erreichen, sei dies in sich gut oder schlecht.

Der Mensch der Zukunft – ein Mystiker

Wir leben in einer Zeit des Wandels, der sich auf diesen Gebieten und vielen anderen Bereichen vollzieht. Vieles, was in dieser Zeit unwandelbar zu sein schien, ist in Bewegung geraten, und niemand weiß genau im Einzelnen und mit Sicherheit, was das Ergebnis dieses Wandels sein wird. Eine Weltuntergangsstimmung ist bei diesen Wandlungsprozessen nicht berechtigt, da sie ein Hindernis werden kann, wenigstens das zu tun, was man noch zum Besten der Menschheit tun kann. Eines wissen wir heute sehr klar: Es ist auf die Dauer keine Lösung, das Richtige, oder das, was man für das Richtige hält, mit Waffengewalt durchzusetzen.

Der Mensch sollte imstande sein, die Dinge so zu sehen, wie sie sind und, was eng damit zusammenhängt, aufrichtig sein. Wir sind in unserem Denken fast immer von Vorurteilen geblendet. Es gibt auch kaum Menschen, die wirklich aufrichtig sind, und wir müssen hinzufügen, die überhaupt imstande sind, aufrichtig zu sein, obwohl sie es sein möchten und vielleicht meinen, dass sie es auch sind. Die einzige Ausnahme bilden die Kinder, soweit nicht auch sie schon von den Erwachsenen angesteckt sind. Und die Mystiker!

Man muss diesen Tatsachen klar ins Auge sehen. Wenn der neue Mensch womöglich ein Fortschritt gegenüber dem Alten sein soll – und darum geht es, denn sonst ist er eben nicht neu –, dann muss dieser Mensch imstande sein, vorurteilslos zu denken und aufrichtig zu sein. Dies ist auch Ziel dieser Erneuerung und ihrer Gestalt – der neuen Mystik, um die es hier geht. Die ganze Erneuerung der Menschheit nach der Katastrophe von Hiroshima hängt von dieser Entwicklung ab: »Der Mensch der Zukunft wird ein Mystiker sein, oder er wird nicht sein« – mit diesem berühmten Satz von Karl Rahner fassen wir abschließend die echte Perspektive der Welt nach Hiroshima zusammen.

Zen-Exerzitien, 1956

Intensive Zazen-Übungen (buddhistische Exerzitien) habe ich im Hosshinji-Tempel in der Stadt Obama mitgemacht. Über diese Erfahrungen will ich nun berichten.

Worin besteht die Meditation? Es ist leichter zu sagen, worin sie nicht besteht. Man soll alle Gedanken, die das eigene Ich betreffen, ausschalten. Alle Sorgen, Pläne, zumal jede ungeordnete Anhänglichkeit wie Ehrgeiz oder Furcht muss aufhören. Das eigene Ich muss sterben. Alle Dinge, auch der kleinste Wassertropfen oder der kürzeste Augenblick an Zeit sind identisch mit dem All. Wir wissen das nur theoretisch. Daher ist diese Wahrheit wie ein Reiskuchen, der nur auf Papier gemalt ist und daher keinen Geschmack hat. In der großen Erleuchtung erleben wir diese Tatsache, und sie gibt uns große Sicherheit und ungeahntes Glück. Der Mensch, der diese Erleuchtung nicht hat, ist innerlich gespalten. Immer besteht ein Gegensatz zwischen dem Ich und dem Bewusstsein. Dieser muss verschwinden. Um dahin zu kommen, muss der Geist ganz »leer« werden. Die Erleuchtung – so könnte man sagen – ist eine intuitive Erkenntnis, die über dem Bewusstsein liegt. Man nennt sie nach mystischer Tradition auch Wesensschau. Man sieht die Dinge in ihrem Wesen, in einem neuen Licht. Dabei dringt man erkenntnismäßig in das All ein und könnte meinen, dass man mit diesem eins ist.

Der Zustand der Leere des Geistes ist daher keineswegs ein Dösen oder Schlafen mit offenen Augen. Diese Leere, von der da geredet wird, erinnert an die mittelalterlichen Mystiker, die von der Leere des Geistes und der Entbilderung der Phantasie sprechen. Oder auch an die Nacht der Sinne und die Nacht des Geistes, von der Johannes vom Kreuz spricht. Der theologische Untergrund und das Endergebnis bei den Mystikern sind gewiss verschieden, aber das Zwischenstück hat große Ähnlichkeit mit der Zen-Meditation.

Der Durchbruch in Deutschland

Ich wurde 1967 zu der Tagung der Stuttgarter Gemeinschaft »Arzt und Seelsorger« mit einem Vortrag über die Zen-Praxis eingeladen. Auf dieser Tagung auf Schloss Elmau bat man mich dann, 1968 für Zen-Exerzitien nach Deutschland zu kommen. Ich gab in Deutschland vom 14. August bis 17. Oktober nicht weniger als 12 Zen-Exerzitienkurse. 980 Personen haben an diesen Kursen teilgenommen. Die Benediktiner-Abteien erwiesen sich als besonders geeignet für diesen Zweck. Sie boten die für die Zen-Meditation so wichtige Stille. Man fand dort auch geeignete und genügend große Räume für die gemeinsame Meditation. Ganz besonders wirkte auf die Exerzitanten die schöne Liturgie, da ja in Zen-Exerzitien nichts betrachtet wird, sondern nur die Entleerung des Bewusstseins angestrebt wird. Die Teilnehmer waren nicht nur Katholiken, sondern auch Gläubige anderer Konfessionen und solche, die keiner bestimmten Kirche angehörten. Der Liturgie beizuwohnen stand ganz im Belieben des Einzelnen, doch wurde sie von den allermeisten gerne mitvollzogen.

Die Tagesordnung in den Kursen war sehr gestrafft. Manche, die sie im Anfang zu streng fanden, waren am Schluss doch dankbar für die Strenge. Zur Einführung in die Meditation wurden täglich zwei Vorträge von je 40 Minuten gehalten, und in der übrigen Zeit wurde siebenmal je 40 Minuten meditiert mit anschließenden 10 Minuten langsamen Gehens. Weitaus die größte Zahl der Teilnehmer saß am Boden und bemühte sich, so gut es eben ging, die schwierige Zazen-Haltung zu vollziehen.

Bei vielen Kursen wurde der Wunsch ausgesprochen, dass diese Kurse fortgesetzt werden sollten, da es doch schwierig sei, ohne kompetente Leitung in der Meditation voranzukommen. In einigen Städten haben sich inzwischen Gruppen gebildet, die regelmäßig zusammenkommen zur Meditation und zur Aussprache über die gemachten Erfahrungen.

Die geistige Not im Westen

Ich könnte allein über 4000 Menschen namhaft machen, die bei mir an eigentlichen Zenkursen d.h. an Sesshins mit Stillschweigen und vielen Meditationen über den ganzen Tag, teilgenommen haben und dabei auch zur Einzelaussprache kamen, wie das im Zen üblich ist. Dabei sind die Orte oft schwer erreichbar und die damit verbundenen Fahrtkosten entsprechend hoch. Solche, die dann nach einmaligem Versuch das Zazen ganz aufgegeben haben, sind, soweit ich das übersehen kann, selten. Die Wartelisten bei den angekündigten Kursen werden hingegen immer länger.

Man kann wohl sagen, dass das Zen nicht nur für die Teilnehmer, sondern auch für viele andere Menschen inzwischen zu einem Begriff geworden ist, wie man sagt. Darunter gibt es nicht wenige, die diese Tatsache mit Besorgnis erfüllt, auch solche, die ihre Bedenken schriftlich, d.h. in Zeitschriften und Zeitungen und anderswo zum Ausdruck bringen. Sie sind besorgt, dass das Zen hier in Europa für das Christentum eine Gefahr werden könnte. Sie machen geltend, dass das Zen aus einer anderen Kultur und Religion stammt und deswegen auch für unsere vom Christentum geprägte Kultur nicht passend sein kann, wenn sich da auch gegenwärtig vieles geändert hat.

Andererseits beruhen viele und vielleicht die meisten Bedenken auf Mangel an Kenntnis über das Zen. Man hört und liest vieles, was man nicht völlig versteht. Allein die Tatsache, dass das Zen nicht bei uns in Europa, sondern in Ostasien, der Reihenfolge nach in Indien, China und Japan gewachsen ist, erschwert das Verständnis für den westlichen Menschen nicht wenig. Anders ist es mit Yoga, das auch aus dem Osten kam, solange es in dem Bereich bleibt, den man mit »Hatha-Yoga« bezeichnet, in dem man sich vorwiegend mit dem Körper beschäftigt, obwohl es im Letzten auf ein geistiges Ziel ausgerichtet ist.

Die Entdeckung der Mystik

Zur Synthese zwischen Ost und West

Wenn das Christentum sich mit derselben Intensität [wie im Westen] erst im Osten entwickelt hätte, ohne westliche Beeinflussung, hätte es wahrscheinlich niemals eine Scholastik gegeben. Es hätte sich stärker, als es jetzt der Fall ist, in einer intuitiven und mystischen Weise entwickelt. Dieser Aspekt ist mit den wesentlichen Elementen des Christentums durchaus vereinbar, wie das Bestehen einer katholischen Mystik deutlich beweist. Es ist ersichtlich, dass gerade dieser Aspekt unserer Religion für die japanische Mentalität sehr anziehend ist, wie ganz allgemein auch für jede andere östliche Mentalität. Es ist interessant, wie erstaunlich ähnlich die christliche und die Zenmystik sind. Christliche Mystiker wie Meister Eckhart und Ruysbroek sind in Japan sehr bekannt und erfreuen sich großer Beliebtheit. Wenn man sie liest, entdeckt man viele Formulierungen, die von Zenmönchen stammen könnten und umgekehrt.

Während andere Völker im Moment einen geistlichen Einfluss aus dem Westen eher ablehnen, öffnet sich Japan demselben. In Japan könnte jetzt der Anfang jener Synthese entstehen, so dass Ost und West geistig zu einer Einheit finden würden. Wenn man in der japanischen Kultur dieses große Problem lösen könnte, würde das einen ungeheuren Einfluss auf die anderen Völker des Orients haben. Vor dem Krieg hatte Japan eine geistige Herrschaft über sie erreicht. An den Universitäten Japans studierten Leute aus China, Korea und Indochina. Das Beispiel Japans würde also ein enormes Echo im ganzen Orient auslösen. Es würde in verborgene Winkel geistigen Lebens dringen und alle großen Nationen Asiens erreichen.

Die Erneuerung durch östliche Spiritualität

Seit dem Ende des Zweiten Weltkrieges hat das Zen, insbesondere die Zen-Meditation oder das Zazen in Europa und Amerika ein beständig anwachsendes Interesse gefunden. Es wurden dort nicht nur viele Bücher über das Zen geschrieben, sondern es fanden sich und finden sich immer wieder Leute, die von den westlichen Ländern eigens nach Japan reisten und reisen, um dort unter der Leitung eines erprobten Zen-Meisters das Zazen zu erlernen. Noch weit größer ist die Zahl derjenigen, die sich im eigenen Lande bleibend anhand von Beschreibungen und angebotenen Kurs-Möglichkeiten darum bemühen. Auch in Japan steigt die Kurve der Zen-Übenden, die nach Kriegsschluss jäh abgefallen war, langsam wieder an.

Forscht man nach den Gründen, aus denen das Zen im Westen solche Verbreitung gefunden hat, so findet man, dass dieselben oft sehr verschieden sind. Den größten Interessentenkreis bilden immer noch jene, die von Zen auf religiösem Gebiet Hilfe erhoffen. In diesem Kreis gibt es wieder verschiedene Abstufungen. Am höchsten stehen die Erwartungen jener, die zu dem von ihren Vorfahren ererbten Christentum den inneren Kontakt verloren haben, und wenn nicht zum Christentum schlechthin, so doch zu dem so genannten Kirchen-Christentum. Sie sind durch mancherlei Umstände davon abgekommen, oder das Christentum ist ihnen, obwohl getauft, niemals zu einem religiösen Erlebnis geworden. Wenn in diesen nämlich auch später eines Tages, vielleicht nach großem Leiden und Prüfungen, das Verlangen nach Religion wach wird, so suchen manche von ihnen die Lösung ihres religiösen Problems nicht im Christentum, gegen das sie im Laufe der Jahre viele Vorurteile aufgenommen haben, sondern wenden sich den sich anbietenden östlichen Religionen wie dem Zen-Buddhismus zu.

Zur Wiederentdeckung der Mystik

Eine Gruppe bilden jene, die, obwohl sie den christlichen Kirchen fern stehen, außerordentliche religiöse Erlebnisse gehabt haben und nun niemanden finden, dem sie sich anzuvertrauen wagen, aus Furcht, nicht verstanden zu werden. Wenn sie dann von Zen und Satori-Erleuchtung hören, finden sie dort gewissermaßen ihr eigenes Erlebnis wieder und wenden sich nun dem Zen zu, um dort Führung zu finden. Die Zahl jener, die solche außergewöhnlichen Erlebnisse haben, die man als mystische bezeichnen kann, ist nämlich in Europa verhältnismäßig groß, was wohl auf die Schrecknisse der beiden Weltkriege und die inneren Bedrängnisse, die totalitäre Staatsverfassungen für viele Menschen mit sich brachten, zurückzuführen ist.

Noch eine andere Gruppe gehört dem Kreis der religiös am Zen interessierten Menschen an. Hier handelt es sich um Christen, die zwar an ihrem Glauben festhalten, und sogar ein intensives inneres Leben führen oder führen möchten, in diesem Bestreben aber auf große Hindernisse stoßen, die mit dem Rhythmus des modernen Lebens gegeben sind und sich nicht umgehen lassen, es sei denn, dass man sich ganz vom öffentlichen Leben zurückzieht; das aber können jene Menschen nicht wegen ihrer beruflichen Verpflichtungen, durch die sie der Menschheit dienen. Da sie aber mit den christlichen Meditationsmethoden allein die genannten Hindernisse nicht zu überwinden vermögen, wenden sie sich dem Zen zu in der Hoffnung, dort die gesuchte Hilfe zu finden. Für die Katholiken kommt noch hinzu, dass das Zweite Vatikanische Konzil das Gute in den Traditionen der nicht-christlichen Religionen öffentlich anerkannt hat und [...] sogar ermutigt hat, sich solche Traditionen wenn möglich zu Eigen zu machen. Dabei handelt es sich natürlich nicht um Vermischung verschiedener Weltanschauungen, sondern um die Übernahme von Meditationsmethoden, soweit dieselben mit der eigenen Glaubenslehre nicht in Widerspruch stehen.

Die Krise – eine neue Chance

Vor 50 Jahren waren die Religionen bei weitem nicht so zum Dialog bereit, wie es heute der Fall ist. Freilich gilt das auch für das Christentum. Die Gespräche, die stattfanden, waren eher Diskussionen, in denen es letzten Endes darum ging zu beweisen, dass die eigene Religion die richtige sei. Inzwischen sind wir so weit, dass wir auf beiden Seiten voneinander lernen wollen. Dabei stellen wir immer wieder fest, dass wir im Kennenlernen der anderen Religion oft auch die eigene besser verstehen.

Man muss allerdings zugeben, dass der Wandel in der Einstellung die Folge der Tatsache ist, dass die Religionen ganz allgemein an Einfluss auf das Geschehen in der Welt verloren haben und sich das seither noch nicht geändert hat. Unter diesen Umständen ist es dann aussichtsreicher, wenn die Unterschiede zurückgestellt werden und gemeinsam der Versuch unternommen wird, einen heilsamen Einfluss auf unsere Welt auszuüben, die selbst in einer großen Krise steht.

Es ist auch eine Tatsache, dass die Religionen als Institutionen in den Augen vieler Menschen an Bedeutung verloren haben. Kirchen ebenso wie Tempel und Schreine werden immer weniger besucht und sind zu Orten für besondere Anlässe wie Hochzeiten und Beerdigungen geworden, sofern nicht auch diese schon säkularisiert sind. Mit anderen Worten: Das kollektive religiöse Bewusstsein ist kaum noch lebendig. Das gilt zumindest für die Industrieländer. In Asien gibt es dagegen noch große Länder wie z.B. Indien, in denen das kollektive religiöse Bewusstsein durchaus noch lebendig ist. Das hängt vermutlich auch damit zusammen, dass die säkularistische Schulbildung noch nicht allgemein durchgeführt wird. Auch in den Industrieländern gibt es heute noch eine große Zahl von Menschen, die persönlich tief religiös sind – Christen wie Nichtchristen.

Gemeinsame Suche nach religiöser Heimat

Bei Vielen erwacht oft ein Verlangen nach etwas, was sie nicht benennen können und ihnen doch als wichtiger erscheint denn alles andere. Und weil sie es in dem Christentum, wie sie es einmal ihr Eigen nennen konnten, nicht mehr finden, wenden sie sich nach Asien, um eben das zu suchen, was ihren Hunger sättigen kann. Manche finden dann nach einem langen Umwandlungsprozess gerade dort das Christentum wieder, wo sie es am wenigsten erwartet haben. Sie verlieren es dann kein zweites Mal, weil sie es nun wirklich integriert haben. Andere finden das Gesuchte in anderen Religionen. Das dürfte nur selten voll und ganz gelingen, da sie die 2000 Jahre Christentum (man könnte auch noch 1000 Jahre Judentum hinzuzählen) in ihren Vorfahren nicht vollständig abstreifen können. Sie treten dann formell zu einer nicht-christlichen Religion über, bleiben aber, wenn auch nun in negativer Form, der Beziehung zum Christentum verhaftet, was sich nicht selten in sich ständig verschärfenden Vorurteilen und Anklagen gegen alles Christliche äußert. Es braucht einen langen, schmerzvollen Prozess, eine andere Religion wie etwa den Buddhismus innerlich anzunehmen. So ist es bezeichnend, dass Menschen, die im Buddhismus aufgewachsen sind, oft weniger Vorurteile gegen das Christentum haben als jene, die vom Christentum zum Buddhismus überwechselten. So trifft man häufig buddhistische Zenmeister, die dem Christentum positiv gegenüberstehen. Manche von ihnen lesen die Heilige Schrift und zitieren sie in den Ansprachen an ihre Schüler.

Der Umweg durch den Osten

Man hört oft darüber klagen, dass der Kirchenbesuch abnimmt und andererseits die Weisen des Ostens überlaufen werden. Die Tatsache lässt sich wohl nicht bestreiten. Man fürchtet, dass durch die Verbreitung östlicher Methoden eine Infiltrierung mit dem Gedankengut der zugrunde liegenden Religionen stattfindet und viele Menschen so dem Christentum entfremdet werden. Diese Besorgnis vonseiten der christlichen Kirchen ist gewiss berechtigt. Bevor man ein endgültiges Urteil fällt, sollte man trotzdem einiges bedenken: Zunächst geht es den Menschen, die jene Lehrer der östlichen Meditation aufsuchen, gar nicht darum, eine andere Religion zu finden, die besser ist als das Christentum, dem man bisher angehört hat. Natürlich gibt es Ausnahmen. Den meisten geht es jedoch um etwas anderes. Man findet etwas bei den Meistern des Ostens, was man heute in den Kirchen vermisst. Die echten unter ihnen haben eine »Ausstrahlung«, wie man heute sagt, die man bei den meisten Vertretern der Kirchen nicht findet. Hinzu kommt, dass sich viele Menschen mit dem Gebaren in den christlichen Kirchen nicht oder nicht mehr befreunden können. Ob mit Recht oder Unrecht, das soll hier nicht erörtert werden. Dazu kommen viele Vorurteile, die sich im Laufe der Zeit festgesetzt haben und die verhindern, wenigstens das Gute zu sehen, das auch da ist. Kommt es aber von einer anderen als der kirchlichen Seite, so ist man eher empfänglich dafür.

Der Weg zur Wesensschau

Wer mit der christlichen Mystik einigermaßen vertraut ist, dem wird beim Studium des Zen manche Ähnlichkeit mit ihr auffallen. Umgekehrt ergeht es zen-erfahrenen Japanern beim Lesen der Schriften christlicher Mystiker, wenngleich diese Literatur wenig bekannt ist. Wie auch sonst in der Kulturgeschichte der Menschheit folgte auf die langdauernde negative Haltung gegenüber der Mystik eine Gegenbewegung zugunsten der Mystik, beispielsweise nach dem Ersten Weltkrieg. Die Bewegung war noch zu schwach und kam nicht recht zum Zuge, bis sie dann bald in der Weiterentwicklung in inner- und außenpolitischen Wirren wieder unterging. Und doch haben gerade die Schrecken jener Zeit, zusammen mit der Ablehnung des Rationalismus auf religiösem Gebiet u.a. ein tiefes Verlangen nach Glaubenserfahrung und Mystik wachgerufen.
Da man auf offiziell-christlicher Seite diesen Bestrebungen immer noch meistens ablehnend gegenüberstand, wandten sich viele, auch Christen, den nicht-christlichen östlichen Religionen zu, wo sie für die mystischen Elemente des Religiösen mehr Möglichkeiten sahen. Manche kamen auf diesem Umwege zur Kenntnis der christlichen Mystik, andere schlossen sich diesen Religionen an. Aber allmählich scheint sich alles das in einer Neu-Entdeckung der Mystik überhaupt auszuwirken.

Der Mensch von heute verlangt nicht nach Beweisen für die Existenz Gottes, sondern nach Gottes-Erfahrung. Was erfahren wird, ist der Grund, von dem her die Dinge auf uns zukommen, also jenes Geheimnis, auf das unsere Sehnsüchte hin gerichtet sind; als das, was uns im Dasein trägt; worauf alles ruht; was uns in der Tiefe anzurühren vermag; was durch allen Sinn und alle Schönheit hindurchleuchtet. Man hat diese Erfahrungen vielfach mit Recht als Seins-Erfahrungen bezeichnet, was sie auch wirklich sind.

Auf der Suche nach dem geistigen Urgrund

Jede Mystik hat die Einheit zum Ziel, nicht im Sinne eines theoretischen Wissens, sondern in ihrem unmittelbaren Erleben. Im Zen ist diese Einheit Identität mit dem Sein, die schon existiert, bevor man etwas davon weiß und daher nur zum Bewusstsein gebracht werden muss. Im christlichen Bereich, so bei Meister Eckhart, geht es um die Einheit des Menschen mit Gott; sie kann daher niemals bis zu einer Identität vorangetrieben werden. Aber Eckhart treibt sie so weit voran, wie es gerade noch möglich ist, ohne dass eine Identität behauptet wird. Wo wird diese Einheit zwischen Gott und Mensch vollzogen? Eckhart antwortet: Sie vollzieht sich im Seelengrund, in dem der Seelengrund in den göttlichen Urgrund eingeht. So wie das ewige Ich, das noch, bevor Seele und Leib mit ihm verbunden wurden, aus dem göttlichen Urgrund geboren wurde, so muss der Geist des Menschen in diesen göttlichen Urgrund zurückkehren. Um die ganze Tiefe dieses Gedankens zu ermessen, muss man wissen, dass nach Eckharts Lehre dieser göttliche Grund noch tiefer liegt als die göttlichen Personen selbst, die erst als Manifestationen der einen Gottheit aus ihm hervorgehen. Genauso gehen auch die Seelenkräfte, Gemüt, Wille und Geist, aus dem Seelengrund hervor. Der Gottesgrund ist der Ort, in dem sich die Gottheit als Quellgrund der Personen, des Geistes und der Dinge verbirgt. Eckhart meint deswegen auch, dass man Gott um der Gottheit willen lassen müsse.

Eckhart geht so weit zu sagen, dass die ganze Gottheit in den Seelengrund eingehe, desgleichen, dass wir mit Gott mitschaffen und mit ihm den ewigen Sohn gebären.

Taborlicht

Es lag mir bei meinem Besuch auf dem Athos 1962 besonders daran, das »Jesus-Gebet«, auch »Hesychasmus« genannt, besser kennen zu lernen, weil es mich wegen gewisser Ähnlichkeiten mit den ostasiatischen Meditationsmethoden, Yoga und Zen, interessierte. Wenn man die Gebetstechnik, zumal die Verbindung zwischen Gebet und Atmung vergleicht, so sind gewisse Ähnlichkeiten nicht zu verkennen. Das Jesusgebet geschieht in der Weise, dass beim Einatmen der Name Jesu, nämlich »Jesus Christus, Sohn und Wort des lebendigen Gottes und Maria's« und beim Ausatmen »Erbarme dich meiner, des Sünders« gesprochen wird. Das Denken (den Geist) aus dem Kopf in das Herz verlegen, schließt notwendig ein, dass man das diskursive Denken ganz aufgibt; denn das ist nach unserer menschlichen Vorstellung nur im Kopf möglich. In Yoga und Zen wird großer Wert auf das richtige Atmen gelegt. Auch dort soll man die Gedanken aus dem Kopf und nach unten verlegen, freilich nicht in das Herz, sondern in den Unterleib unterhalb des Nabels. Es scheint, dass man ursprünglich auch auf dem Athos sich auf diese Stelle des Körpers konzentriert hat und diese Technik Nabelbeschauung nannte. Da ist freilich längst ein Wandel eingetreten.

Die Frage ist also, ob die Väter in der Wüste den psycho-physischen Teil dieses Gebetes von Vertretern des Yoga oder Zen direkt oder indirekt übernommen haben, oder ob diese Technik auf einer allgemeinen religiösen Erfahrung der Menschheit beruht. Vieles spricht für das Erstere, aber ein zwingender historischer Beweis liegt meines Wissens nicht vor. Eine weitere Frage, die uns in diesem Zusammenhang interessieren könnte, ist, ob das Taborlicht, von dem traditionsgemäß einer der Einsiedler sprach, mit der Erleuchtung von Yoga und Zen zusammenfällt. Es ist wohl anzunehmen, dass weit fortgeschrittene Hesychasten eine der Erleuchtung ähnliche innere Erfahrung haben.

Meditatives Tun

Leuten, die nicht ständig im Kloster leben und täglich viel meditieren können, wird immer wieder geraten, von Zeit zu Zeit die großen Übungen mitzumachen (sesshin), täglich daheim zu üben und im Übrigen – das sei das Allerwichtigste – sich bei jeder Beschäftigung auf die Arbeit, beim Essen auf das Essen und in jeder Lage sich ganz auf die Sache zu konzentrieren, nicht nur körperlich, sondern auch geistig ganz gegenwärtig zu sein. Wenn man das tue, so könne man auch außer der Meditationszeit die Erleuchtung erlangen. Wer es versucht, wird allerdings feststellen, dass es nicht so leicht getan wie gesagt ist. Man darf nämlich während einer Arbeit weder an seinen Verdienst noch an seine Ehre und sonst etwas anderes denken. Die Meditation darf nicht im Sinne eines Nachdenkens über ein Thema, sondern muss als eine innere Haltung verstanden werden. Manche Menschen bringen es auf diesem Wege so weit, dass die Arbeit selbst ihre Erholung wird und sie überdies mit einem sehr geringen Schlaf auskommen können.

Es ist also nicht so, dass man während der Arbeit und sonst immer an die Meditation denken, d.h. beständig »meditieren« sollte und deshalb die Aufmerksamkeit gespalten ist. Man kann ja auch nicht während der Arbeit immer an Gott denken. Das dürfte ohne eine besondere Gnade kaum möglich sein, vorausgesetzt natürlich, dass man die Arbeit doch gut macht. Beide Fälle, Zen-Meditation und Arbeit, stimmen negativ überein in dem Sinne, dass alles, was nicht dazu gehört, ausgeschaltet wird, und positiv in der Weise, dass man auf die Sache konzentriert ist. Aber der Unterschied liegt darin, dass man in dem einen Falle auf ein Objekt konzentriert und im anderen ohne Objekt ist.

Ein neuer Zugang zu Gott

Die Ergebnisse, die diese Meditationsformen im westlichen und speziell im christlichen Raum gezeitigt haben, sind nicht nur befriedigend, sondern übertreffen alle Erwartungen.

Das sind besonders zwei: eine Befestigung im Glauben und die Öffnung eines Zugangs zu tieferem Gebet. Zum Ersteren ist auch die Tatsache zu rechnen, dass Christen, die nicht mehr an Gott glauben konnten, durch die Übung des Zen zum Glauben zurückfanden. Man spricht heute von verschiedenen Formen des Atheismus. Bei vielen Menschen ist es doch so, dass ihnen irgendetwas den Zugang zu Gott verstellt. Das kann zum Beispiel die Tatsache der Leiden in der Menschheit, wie Hunger und Krieg, sein. Aber es gibt auch andere Hindernisse, wie zum Beispiel allzu anthropomorphe Vorstellungen von Gott, wie sie viele Menschen aus der Jugend mitgenommen haben. Diese lösen sich auf dem Wege der Zen-Meditation gerade dadurch, dass das diskursive Denken zeitweilig eingestellt wird. Selbst denen, welche fest im Glauben stehen, stellen sich bei der heutigen Weltlage große Hindernisse für den Glauben in den Weg. Das Leben ist rastlos und geht fast ganz im Technischen und Materiellen auf. Für viele gibt es vielleicht gar kein anderes Mittel zur Bewahrung des Glaubens als die Meditation.

Die Wirkung auf das Gebet ist besonders auffällig bei solchen Menschen, die sich um ein tieferes Gebet bemühen.

Zen – Hilfe für die Gesundheit

Im Westen ist die Hektik des Lebens durch seine Technisierung schon zu einer Belastung geworden, die für die meisten nicht mehr erträglich ist. Natürlich gibt es auch andere Mittel als die Meditation, um dieser Gefahr zu begegnen. Aber in den Gesprächen mit Ärzten stießen wir immer wieder auf die kategorische Forderung, dass die östlichen Meditationsweisen für die Therapie herangezogen werden sollten. Man fühlt sich anscheinend vor ein unlösbares Rätsel gestellt: Einerseits wird das Leben für die Nerven des modernen Menschen immer belastender, andererseits lässt sich die Entwicklung in dieser Richtung nicht aufhalten. Wenn nicht Hilfe gefunden wird, geht der westliche Mensch auch ohne einen Atomkrieg zugrunde.

In unserem Zen-Zentrum, das 1969 in der Nähe von Tokio seine Tätigkeit begonnen hat, sind es meistens gesunde und junge Menschen, die zu den Übungen kommen. Demgegenüber kommt im Westen wohl ein hoher Prozentsatz aus gesundheitlichen Gründen, wobei sich dann später oft herausstellt, dass die Meditation sie dem Religiösen näher gebracht hat. Diese Dinge hängen so eng miteinander zusammen, dass man sie praktisch gar nicht streng voneinander trennen kann. Ohne Zweifel ist jedenfalls, dass der westliche Mensch die östlichen Meditationsweisen bzw. -techniken für die psychische Gesundheit braucht, solange man nicht einen ebenso wirksamen Ersatz gefunden hat.

Dass das Zen für die Gesundheit im Allgemeinen gut ist, weiß man in Japan schon längst. Ebenso, dass die Zen-Mönche oft bis ins hohe Alter noch körperlich und geistig frisch sind. Vielleicht ist diese Tatsache zum guten Teil auf die durch diese Methode sehr geförderte Durchblutung des Körpers zurückzuführen. In Japan selbst ist übrigens das Interesse der Wissenschaft für das Zen in den letzten Jahren erheblich gewachsen.

Indien – »Guru der Welt«?

Der Mensch ist gerade durch die Leistungen der Vernunft in die größte Not geraten. Die ganze Welt ist bereits psychisch krank, und die Krankheit schreitet mit Riesenschritten fort. Das gilt wenigstens von der westlichen Welt. Die östliche Hälfte, die Wissenschaft und Technik vom Westen übernommen hat und sie sich immer mehr zu Eigen macht, wird, falls der Prozess in der gegenwärtigen Richtung fortschreitet, demselben Schicksal nicht entgehen. Japan steht heute auch in den unvermeidlichen Folgen der Technisierung des Lebens in Asien an der Spitze. Das gilt auch von der Vergiftung der Luft infolge der Industrie. Indien, von dem die Kulturen Ostasiens zum großen Teil ausgegangen sind oder wenigstens stark beeinflusst wurden, steht gewiss gegenwärtig noch weit zurück hinter den westlichen Ländern, was moderne Wissenschaft und Technik betrifft. Viele meinen auch, dass Indien berufen sei, in der bereits begonnenen neuen Entwicklung der Menschheit der »Guru der Welt« zu werden. Sicher leben in Indien noch geistige Kräfte, die im Grunde religiös sind, obwohl man angesichts von so viel Armut und Not daran zu zweifeln geneigt ist. Es ist eine Tatsache, dass Indien besonders an gewissen geistigen Brennpunkten eine unwiderstehliche Anziehungskraft auf den westlichen Menschen ausübt. Wer einmal in Tiruvannamalai im Ashram von Ramana Maharshi auch nur einige Tage zugebracht hat, weiß, was das heißt. Solche Orte gibt es im Westen heute kaum noch. Es ist bestimmt keine Übertreibung zu sagen, dass Indien etwas zu geben hat, dessen der Westen in der gegenwärtigen Lage dringend bedarf. Fragt man, was das ist, so ist zu antworten: Es ist das meditative, kontemplative Element. In Indien waren Kontemplation und mystische Erfahrungen von alters her mehr zu Hause als in irgendeinem anderen Land.

Der neue Mensch – ein Mystiker

Die Zen-Erleuchtung ist die Intuition des tiefsten Selbst. Soweit decken sich die östlichen Erfahrungen mit denen der christlichen Mystiker. Wie sich diese Erfahrung des Weiteren auswirkt, ist nicht in jeder Mystik und jedem Menschen gleich. Der christliche Mystiker – wie auch der Sufi-Mystiker – geht über das Selbst, dessen Existenz er jedoch bejaht, hinaus zu Gott, wo er seine Ruhe findet. Der Buddhist erfährt das Absolute nicht personal, sondern apersonal. Daher bleibt auch er nicht beim Selbst stehen, sondern seine Erfahrung ist solcher Art, dass sich das Selbst im Absoluten auflöst. Es hat wohl auf beiden Seiten den Irrtum gegeben, beim Selbst stehen zu bleiben.

Es läuft schließlich darauf hinaus, dass der »neue Mensch« Mystiker werden soll und kann. Sein Erkennen wird nicht nur ein verstandesmäßiges, sondern auch ein »mystisches« Erkennen sein. Das aber setzt voraus, dass alle Hindernisse, die der mystischen Erfahrung im Wege stehen, beseitigt werden durch die Läuterung, von der alle Mystiker in Ost und West wissen. Man hat schon seit langer Zeit im christlichen Bereich – nicht in den Hochreligionen Ostasiens – darüber gestritten, ob alle Menschen zur Mystik berufen seien. Heute muss diese Frage von neuem gestellt werden, mit Rücksicht auf den neuen Menschen. Die Antwort ist nicht selbstverständlich dieselbe für die Vergangenheit und Zukunft. Vielmehr scheint es, als ob das, was früher ein besonderes Privileg einiger weniger war, in Zukunft allen zugedacht ist, die sich ernstlich und in richtiger Weise darum bemühen. Die Häufigkeit mystischer Erfahrungen in den letzten Jahrzehnten ist auffällig. Desgleichen ist es ungewöhnlich, dass sie oft von solchen gemacht wurden, die nicht in Klöstern lebten, sondern einen weltlichen Beruf hatten. Während die Mystik in der Vergangenheit im sakralen Raum zu Hause war, scheint sie neuerdings diese Schranken zu durchbrechen und in den profanen Raum hinauszugehen.

Die vierte Dimension des Bewusstseins

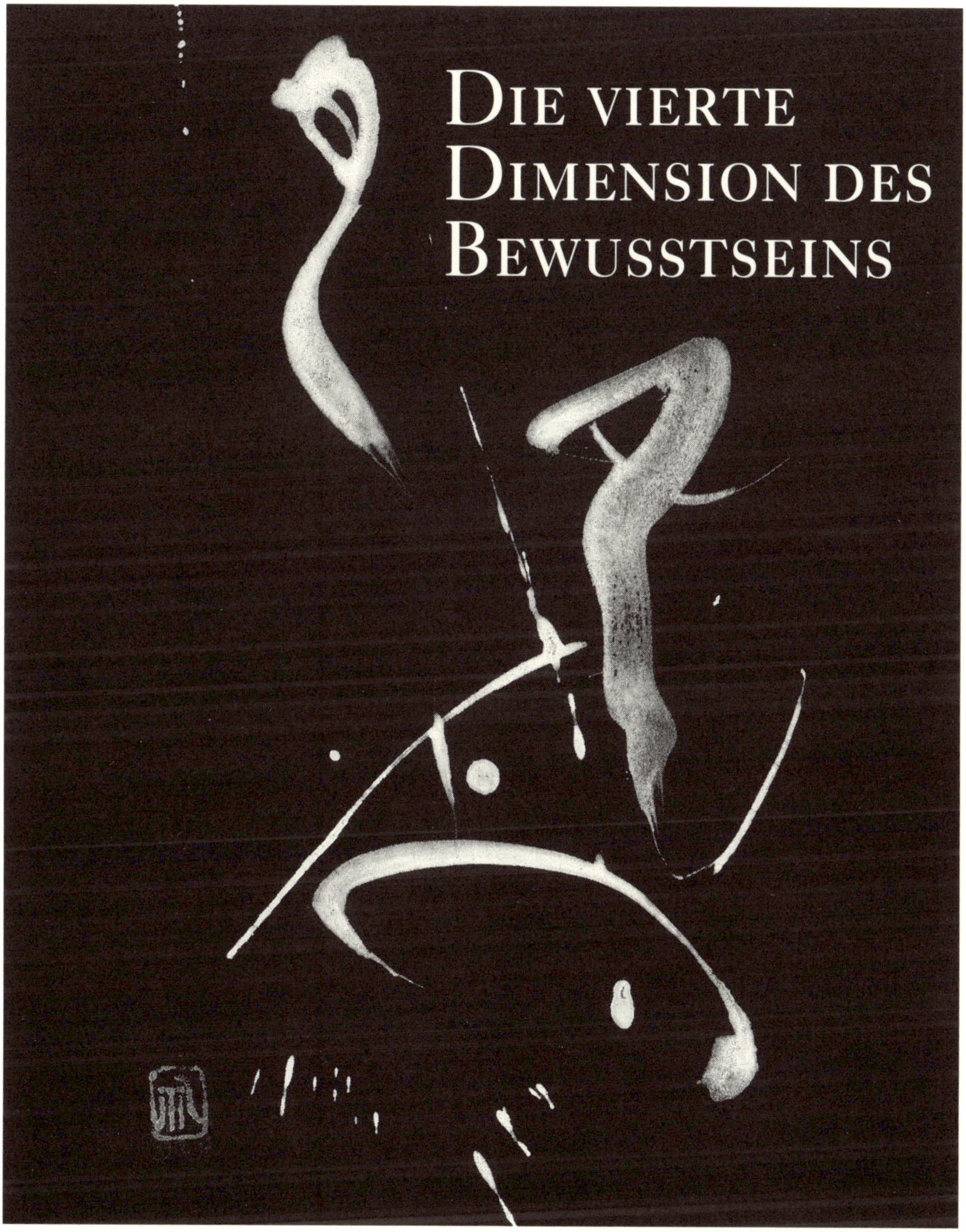

Der sterile Mutterboden wird fruchtbar

Der »Grund«, das Gemüt oder der Mutterschoß, in dem der religiöse Glaube und die religiöse Erfahrung ihren Ursprung haben, ist durch die einseitige Betonung der Ratio in unserer westlichen Kultur unfruchtbar geworden. Der dort beheimatete und vielleicht immer noch vorhandene Glaube ist sozusagen verschüttet worden. Wenn man die innere Disposition des westlichen Menschen so sieht, kann man verstehen, dass durch die Übung einer Meditation, die wie das Zazen die Ratio ausschaltet, der Glaube wieder frei und lebendig werden kann. Weiterhin versteht man, dass der geistige Mutterboden, der durch die Ratio sozusagen steril geworden ist, wieder fruchtbar wird, wenn das Übergewicht (der Ratio) durch die Eigenart der östlichen Meditation beseitigt wird. Ebenso ergibt sich, dass die vorwiegend mit Verstand und Wille vollzogene Betrachtung nicht geeignet ist, diesen Mangel zu ersetzen oder diese Unfruchtbarkeit zu heilen. Denn sie arbeitet ja gerade mit jenen Kräften, die das Unheil angerichtet haben. Damit wird der Wert der Betrachtung in sich gesehen nicht herabgesetzt; denn zu ihrer Zeit ist sie oder kann sie wenigstens sehr fruchtbar sein.

真空妙有

Der neue Mensch

In letzter Zeit spricht man bisweilen von einem »neuen Menschen«, der kommen müsse. Was ist mit diesem »neuen Menschen« gemeint? Das ist ein Mensch, dessen geistige Fähigkeit sowohl Technik als auch die Philosophie überragt. Um es mehr im Einzelnen zu sagen, es ist der Mensch, der die von Einstein entdeckte vierte Dimension bewusstseinsmäßig integriert hat. Die neue Wissenschaft arbeitet schon längst mit dieser vierten Dimension, aber in das Bewusstsein des Menschen ist sie noch längst nicht eingedrungen. Infolgedessen ist zwischen dem Fortschritt der Wissenschaft und dem Menschen selbst eine Diskrepanz entstanden. Und diese Unausgeglichenheit gereicht dem Menschen manchmal zum Schaden, wofür die Atombombe das eklatante Beispiel ist. Wenn diese vierte Dimension dem Menschen bewusst würde, dann würde er den extremen Dualismus leichter überwinden. Dann würden die Beziehungen von Mensch zu Mensch und auch zwischen den Nationen von selbst friedlicher werden, und schließlich würden die Kriege von selbst aufhören.

Wenn man zurückgeht bis in die ersten Anfänge des Menschengeschlechtes, besser gesagt in der Geschichte des menschlichen Bewusstseins, so stoßen wir auf einen ähnlichen Zustand der unausweichlichen Not wie den, den wir heute erleben. Das war vor etwa 3000 Jahren, gegen Ende des »mythischen Menschen«, der noch nicht erwacht war zum rationalen Denken, das heute unser Stolz ist. Damals kam die Rettung von einer Seite, von der es niemand erwarten konnte. Es war die Verwirklichung eines weiteren Bewusstseinsgrades (der 3. Dimension). Daher stammt die Auffassung, dass auch der Mensch der Gegenwart aus seinem Dilemma einen Ausweg findet durch einen weiteren Grad (Dimension) seines Bewusstseins. Dieses ist in der Geschichte wohlbegründet. Das ist eben die so genannte vierte Dimension, der man sich jetzt zunehmend bewusst wird.

Der neue Mensch wird ein Erleuchteter sein

Was bis heute nur wenigen geschenkt wurde, wird das Normale sein für jeden Menschen, der sich dem neuen Bewusstsein nicht widersetzt, sondern es in sein Menschsein integriert hat. Der neue Mensch wird ein Erleuchteter, christlich gesprochen ein Mystiker sein. Diese heute ganz seltene Gabe erwacht dann von selbst ohne besonderes Hinzutun vonseiten des Menschen, also ohne besondere Übungen, ähnlich wie der Mensch des mentalen Bewusstseins normalerweise in einem gewissen Alter zum Gebrauch der Vernunft kommt. Mit anderen Worten, die Zen-Erleuchtung liegt eben nicht in der mentalen Ebene, sondern geht über sie hinaus.

Bei der Einschätzung der genannten Erfahrungen muss stets die konkrete Wirklichkeit im Auge behalten werden. Obwohl die vierte Dimension in der Mathematik und Physik, wie sie Einstein, Max Planck und Heisenberg vertreten haben, längst integriert ist, sind wir noch sehr weit davon entfernt, sie in das Bewusstsein des einzelnen Menschen aufgenommen zu haben. Aus diesem Grunde können sich auch die echten und hochwertigen Erfahrungen der Zen-Meditation Einzelner nicht so voll auswirken, wie es der Fall wäre, wenn die Menschheit als ganze das neue Bewusstsein integriert hätte. Trotz dieses Hemmnisses bleibt es wahr, dass es in Vergangenheit und Gegenwart schon Menschen gab und gibt, deren tiefe Erfahrungen auf ihre Umgebung gewissermaßen ausstrahlen. Viele Menschen spüren das, obwohl sie selbst noch weit davon entfernt sind, selbst solche Erfahrungen zu machen. Vielleicht würde sich die Menschheit auch ohne besondere Erziehungs- und andere Maßnahmen allmählich in Richtung auf das neue Bewusstsein hin wandeln, wenn es mehr Menschen gäbe, von denen eine solche Ausstrahlung ausgeht.

Die Integration des neuen Bewusstseins geht weiter

Wir sind noch nicht sicher, ob wir einen dritten Weltkrieg mit Atomwaffen vermeiden können. Wir hoffen es. Ein Irrtum kann die ganze Welt in Brand stecken: Auch eine Folge unserer großen wissenschaftlichen Erfolge. Vielleicht muss das neue Bewusstsein erst kommen, bevor wir ganz sicher sind. Ich habe mit großem Interesse Capras »Wendezeit« (1983) gelesen und bin auch überzeugt, dass im Wesentlichen richtig ist, was er sagt. Er hat ja auch die Fachleute der verschiedenen Gebiete wie Medizin und andere herangezogen. Es ist eine ganz gründliche Arbeit, aber ob der Mensch überhaupt imstande ist, nicht nur theoretisch zu verstehen, sondern auch praktisch zu tun, was er uns sagt, wenn da nicht noch etwas von dem neuen Bewusstsein hinzukommt ... Es bedeutet nämlich auch gelegentlich große Opfer. Leute, die viel Besitz haben, müssen auf ihren Luxus verzichten, aber auch Betriebe, die Luxuswaren herstellen. Deswegen ist es so wichtig, dass wir uns bemühen, so gut wir können, dieses neue Bewusstsein konkret zu integrieren. Ich bin fest überzeugt, dass der Prozess weitergeht. Wir sind heute schon viel weiter als vor 10 oder 20 Jahren, geschweige denn vor 50 Jahren. Es geht weiter. Und wenn wir dahin arbeiten, dann tun wir etwas für die Menschheit.

Ende der Philosophie

Die Mutation aus dem mythischen Bewusstsein hat sich im Westen vollzogen durch griechische Philosophie. Sie ist bei aller Anerkennung des Großen, was sie geleistet hat in den zweieinhalb Jahrtausenden ihres Bestehens, im bisherigen Sinne zu Ende. Da gibt es ein berühmtes Gespräch zwischen dem »Spiegel« und Heidegger. Heidegger war zu seiner Zeit gewiss eine Autorität auf dem Gebiete der Philosophie. Da bat ihn der »Spiegel« um ein Gespräch. Er sagte zu, unter einer Bedingung, dass das Gespräch erst veröffentlicht würde nach seinem Tod. Nach seinem Tod wurde es veröffentlicht. Es ist schon einige Zeit her. Gegen Ende des Gesprächs kam die Rede auf die Philosophie. Heidegger sagte dann ganz kurz: »Die Philosophie ist zu Ende«. Der Sprecher vom »Spiegel« sträubte sich und sagte: »Das geht doch nicht, Sie sind doch Philosoph, Herr Professor«. Heidegger blieb dabei: »Die Philosophie ist zu Ende«. Das hat er vorausgesehen. In seinen Schriften spricht er auch etwa in diesem Sinne. Bereits Kierkegaard setzte den Augenblick in Beziehung zur Ewigkeit und führte den Begriff Zeitlichkeit ein. Ihm folgte Bergson in seinem Werk »Zeit und Freiheit« (1911), in dem er die Zeitanalyse aufnahm, Zeit sei Zeugung oder sie sei schlechthin nichts. Damit wird sie vom Raum gelöst, also raumfrei, und erhält jene Eigenständigkeit, die durch bloße logische Deduktion niemals zusprechbar gewesen wäre. Das sind alles Manifestationen des Aperspektivischen.

Das mechanische Weltbild ist nicht mehr richtig, und das rationale Denken reicht nicht mehr aus. Heute sollten wir uns öffnen für das Neue, die höhere Bewusstseinsstufe, bei der das Denken ein offenes Denken sein wird, nicht ein geschlossenes, das auf den einen Punkt der Perspektive festgelegt ist.

Drei Kriterien des neuen Bewusstseins

Aperspektivische Wirklichkeitserfahrung ist eine Wirklichkeitserfahrung, die über die Wirklichkeitserfahrung der vorausgehenden Bewusstseinsstrukturen hinausgeht. Archaische, magische, mythische, rationale Menschen haben oder hatten alle ihre eigenen Wirklichkeitserfahrungen, z.B. die mythische Erfahrung hatte auch eine Wirklichkeitserfahrung.

Typisch sind für die Ausdrucksweise der aperspektivischen Welt drei Hauptkriterien. Das erste Hauptkriterium sind Versuche der Konkretion der Zeit im Sinne der Zeitfreiheit, d.h. das Bemühen, die begriffliche Zeit zu überwinden. Wir müssen wohl unterscheiden zwischen Abschaffen und Überwinden. Die Dinge werden nicht abgeschafft, sondern überwunden, um darüber hinauszukommen, obwohl sie doch noch bleiben. Das ist die Kunst heutzutage.

Durchsichtigkeit, die nicht aufgrund rationaler Schlussfolgerungen, sondern durch Begriffe und Worte hindurch zum Wesen der Dinge vordringt, ist das zweite Hauptkriterium. Wir sind gewohnt, wenn wir das Wesen der Dinge verstehen wollen, zu denken und sie auseinander zu nehmen, sowie nach den Gründen zu suchen. Dadurch kann man auch teilweise zum Wesen der Dinge kommen und verstehen, was das eigentlich ist. Aber Durchsichtigkeit heißt, nicht das Denken und auch nicht die Begriffe und Wörter abzuschaffen, sondern durch Begriffe und Worte hindurch zum Wesen der Dinge vorzudringen. Durch Meditation kann man das lernen, aber es braucht viel Zeit.

Das ganzheitliche Wahrnehmen, das auch immer das Ganze wahrnimmt und auf diese Weise den extremen Dualismus überwindet, ist schließlich das dritte Hauptkriterium. Dass man immer das Ganze wahrnimmt, geht nicht von heute auf morgen. Wenn wir immer das Ganze wahrnehmen und noch einen Schritt weiter und gleichzeitig das Religiöse mit wahrnehmen, dann sind wir über den Dualismus hinaus. Dann geht es nicht mehr entweder – oder.

Den Stress überwinden durch die Zeitfreiheit

Wie ist es nun mit der Zeiterfahrung in der aperspektivischen Wirklichkeitserfahrung? Das ist, kurz gesagt, Zeitfreiheit. Nicht Zeitlosigkeit, Zeitfreiheit. Was soll das heißen? Die Zeitfreiheit ist typisch oder vielmehr wird typisch sein für das neue Bewusstsein, wenn es einmal völlig im Bewusstsein des Menschen integriert ist. Zeitfreiheit heißt, kurz gesagt, dass die Zeit nicht mehr zur Bedrängnis wird. Das wird möglich, wenn der Mensch immer in der Gegenwart lebt.

Wir leben heute fast nur in der Vergangenheit und Zukunft. Das ist typisch für die Uhrenzeit, wo man keine Zeit hat. Die Begleiterscheinungen sind Infarkte, Nervosität und Krebs. Das sind die modernen Krankheiten. Es hat zu anderen Zeiten andere Krankheiten gegeben, wie Pest und Cholera, an denen viele Menschen gestorben sind, die wir aber inzwischen durch sofortige Gegenmaßnahmen einzuschränken gelernt haben. Die typischen Krankheiten unserer Zeit sind zum größten Teil durch Stress hervorgerufen. Stress vermeiden können wir nicht, aber wir müssen einen Weg finden, den Stress auf eine natürliche Weise abzubauen. Allerdings nicht durch medizinische oder ähnliche Beruhigungsmittel. Und wenn dies auf natürliche Weise geschieht, z.B. durch Meditation, schadet der Stress nicht. Wenn wir die Meditation so weit integrieren, dass wir überhaupt nicht mehr so in den Stress hineinkommen, ist es umso besser. Das sollte mit der Zeit auch gelingen, ganz abgesehen von religiösen Erfahrungen, Gotteserfahrung usw. Manche Leute sagen: Was soll das denn? Ich habe keine Zeit dazu. Vielleicht bekommst du mal Zeit, aber wenn es zu spät ist.

Das Dilemma unserer Zeit

Das Dilemma der heutigen Erde und der Menschheit lässt sich durch keinerlei menschliche Machenschaften lösen, solange sie innerhalb der Grenzen des bis jetzt gültigen mentalen Bewusstseins liegen. Das gilt auch dann, wenn so große Probleme wie Überbevölkerung, Rohstoffmangel, Umweltverschmutzung und der Krieg mit Kernwaffen bewältigt werden sollen. Das hier notwendige neue Bewusstsein kann nur dann evident werden, wenn das bisherige dreidimensionale Koordinatensystem überwunden ist, in dem nur Sichtbarkeiten Gültigkeit haben. Wir müssen versuchen, die vierdimensionale Ganzheit wahrzunehmen, die raum- und zeitfrei ist.

Die Wahrnehmung des Ganzen hängt ohne Zweifel eng mit der Durchsichtigkeit zusammen. Man kann sich diese Fähigkeit freilich weder durch Willensanstrengung noch durch Imagination aneignen. Um sich dafür zu disponieren, muss man darauf bedacht sein, auf vorgefasste Meinungen, vorausträumende Wünsche und blind waltende Forderungen zu verzichten. Nur wo Egoismus überwunden ist, kann allmählich das Gleichgewicht einer in uns veranlagten Komponente und Bewusstseinsstruktur erreicht werden und der Mensch zur Durchsichtigkeit und zum ganzheitlichen Wahrnehmen befähigt werden.

Für die Integrierung des neuen Bewusstseins ist es auch wichtig zu wissen, dass die Not und Bedrängnis und sonstige Umtände, die uns gegenwärtig das Leben schwer machen, nur Symptome der sich anbahnenden Mutation sind. Es ist zwar berechtigt, sich zu bemühen, diese Not zu lindern. Aber wenn wir uns nicht gleichzeitig bemühen, uns für das neue Bewusstsein zu öffnen, kommen wir nicht aus der gegenwärtigen Not heraus, sondern es wird immer schlimmer, weil die gegenwärtige mentale Struktur ständig weiter degeneriert.

Den extremen Dualismus überwinden

Seitdem das begriffliche oder rationale Denken vor etwa 3000 Jahren in Europa seinen Anfang nahm und, einmal voll entwickelt, auf dem Gebiete der Wissenschaft und Technik so Großes geleistet hat, hat es längst eine Dekadenz gezeitigt. Das bedeutet zwar nicht, dass der Mensch auf diesen Gebieten zurückgegangen sei. Im Gegenteil geht es mit der neuen Physik in Riesenschritten weiter, indem sie ganz neue Möglichkeiten eröffnet hat, wie jedermann weiß. Leider hat sich das zu einem sehr großen Teil und sogar bei weitem zum größten Teil auf dem Sektor der Waffenindustrie ausgewirkt, in solchem Maße, dass die Menschheit heute imstande ist, sich selbst zu vernichten. Es kann heute noch niemand mit Sicherheit voraussagen, dass das nicht geschehen wird. Man kann wohl sagen – so wenigstens scheint uns – dass wir dessen erst dann sicher sind, wenn das neue Bewusstsein von der Menschheit oder wenigstens einem Großteil der Menschheit integriert ist. Dazu aber kann eine Meditationsweise wie das Zen beitragen. Man sollte gar nicht so besorgt sein um die Unterschiede der Religionen, die ohnehin etwas Gemeinsames haben, viel wichtiger ist, alles daran zu setzen, dass die Gegensätze überwunden werden und ein gemeinsames Arbeiten einsetzt in allen Klassen der Menschen und auch in allen Religionen.

Das aber gilt vor allem für den westlichen Menschen, weil er das rationale Denken viel tiefer integriert hat als der östliche Mensch, der allgemein mehr intuitiv ist. Die Zenmeditation kann dem westlichen Menschen helfen, den extremen Dualismus zu überwinden, ohne dadurch irgendetwas positiv Gutes zu verlieren, das er besitzt. Es ist kein Zufall, dass ihn die östlichen Meditationsweisen wie das Zen so ansprechen. Glücklicherweise ist vonseiten der Religionen selbst im großen Stil das Bemühen der Verständigung und Zusammenarbeit für das Wohl der Menschheit vorhanden.

Unterwegs zur Vierten Dimension des Bewusstseins

Das Neue, das mit dem neuen Bewusstsein hinzutritt, lässt sich als »Vierte Dimension« bezeichnen, wohingegen das mentale Bewusstsein dreidimensional ist. Die vierte Dimension ist jedoch nicht im selben Sinn Dimension wie die drei vorausgehenden. Sie ist integrierende Dimension, die das »Ganze« erfasst und dadurch den harmonischen Gleichklang aller bisherigen Bewusstseinsdimensionen bewirkt. Dieses »Ganze« ist das eigentlich Geistige und, richtig verstanden, das Göttliche. Das heißt, dass dem, der das neue Bewusstsein wirklich integriert hat, das Göttliche mitbewusst ist. Es hat zwar schon immer Menschen gegeben, denen dieses Bewusstsein des Göttlichen für Augenblicke geschenkt wurde. Aber es waren eben doch nur kurze glückliche Augenblicke, wenn das Erlebnis auch, je nach seiner Stärke, eine gewisse dauernde Nachwirkung hatte.

Ebenso wie die vierte Dimension ist das neue Bewusstsein nicht darstellbar. Vielleicht beginnen wir dennoch zu ahnen, was mit ihm gemeint ist. Würde man versuchen, es befriedigend darzustellen, wie dies ja für die früheren Bewusstseinsstufen prinzipiell möglich ist, so müsste man sich wieder des begrifflichen Denkens bedienen, wäre also auf das mentale Bewusstsein zurückgeworfen. Lassen sich nun Auswirkungen des neuen Bewusstseins mit einiger Sicherheit voraussehen? Solche Wirkungen setzen natürlich voraus, dass das neue Bewusstsein nicht nur von einigen Menschen, sondern mehr oder weniger in die ganze Menschheit integriert ist. Ohne auf alle Möglichkeiten im Einzelnen einzugehen, möchten wir nur eine erwähnen: Mit dem neuen Bewusstsein würde nämlich der Krieg als Mittel, politische Konflikte auszutragen, ein für alle Mal ausgeschaltet sein. Der neue Mensch wird andere, neue Wege finden, von denen wir heute noch nichts wissen.

Das Diskursive und das Intuitive

Wir wollen uns einen Einblick in die unterschiedlichen Erkenntniswege verschaffen. Das Typische in der Tätigkeit des Verstandes ist das Fortschreiten von einem Erkannten zum anderen, das diskursive oder schlussfolgernde Denken. Die Tätigkeit des Verstandes ist daher vielfältig in Bewegung. Sie drängt von dem Vielfältigen und Akzidentellen der Dinge zu ihrem Wesen vor. In dieser Weise sind wir geistig tätig in den Wissenschaften, in der Philosophie und auch im täglichen Leben. Diese Art der Betätigung unserer Denkfähigkeit ist allen Menschen gemeinsam und steht jedem jeder Zeit zur Verfügung.

Dagegen besteht die Tätigkeit der Intuition im Erfassen der Wahrheit mit einem einfachen Blick ohne vorausgehende diskursive Untersuchung. Die Tätigkeit des Verstandes verhält sich daher zu der der Intuition wie die Bewegung zur Ruhe, wie Erwerben zum Haben, wie Werden zum Sein. Die Tätigkeit der Intuition ist das Vollkommenere, wogegen die Tätigkeit des Verstandes als das Unvollkommenere anzusehen ist. Beim menschlichen Denken ist die Tätigkeit des Verstandes das Gewöhnliche. Dem Unterschied in der Art der Betätigung von Verstand und Intuition entspricht die Verschiedenheit im Inhalt beider. Der Verstand richtet sich auf das Einzelne, auf das Unterschiedliche, Differenzierte. Dagegen hat die Intuition das Ganze zum Gegenstand; ihre Betätigung ist nicht-differenziert. Buddhistisch gesprochen ist die Welt der Unterschiede (Sabetsu no sekai) dem Verstande zugeordnet, während die Welt der Gleichheit (byodo no sekai) der Intuition zugeordnet ist. Oder aber: Das einzelne Seiende ist Gegenstand des Verstandes, das ungeteilte Sein selbst dagegen Gegenstand der Intuition. Daher hat auch der Verstand in erster Linie mit dem körperlich Seienden, die Intuition mit dem geistig Seienden, vor allem dem höchsten absoluten Sein, zu tun. Die menschliche Erkenntnis stieg vom Sinnlich-Körperlichen zum Geistig-Seienden auf.

16.7.94

Das Bewusste und Unbewusste im Alltag

Die Zen-Meditation führt nicht zu einem Verlust an Emotionalität. Im Gegenteil: Wenn Sie viel meditieren, werden Sie z.B. Musik mit größerer Freude genießen, Sie erleben die Vielfalt der Töne ganz anders, viel tiefer und intensiver. Je mehr Sie Zazen machen, umso nachhaltiger werden Sie die Natur erfahren. Sie hören und sehen dann nicht nur mit den Ohren und Augen, sondern mit all Ihren Sinnen und Ihrem ganzen Sein, mit tief empfundener Emotionalität. Zen tötet nicht Ihre Sinne, sondern nur das Ego und lässt alles andere lebendig werden.

Wir dürfen nicht zulassen, dass alle störenden Gemütsbewegungen tief in uns eindringen. Ein in der Zen-Meditation Erfahrener fühlt Ärger, Angst, Enttäuschungen u.a. ebenso wie ein anderer, nur mit dem Unterschied, dass er diese Gefühle nicht in sein Inneres hineinlässt. Insofern hat das Zen auch eine gesundheitsbewahrende Wirkung, die für unser tägliches Leben von Bedeutung ist.

Dieses Sich-Bewusstwerden ist etwas ganz Neues und wird auch als solches empfunden. Anfänglich kommt der Übende nur mit großer Mühe und zunächst nur ganz kurz, so dass er es kaum bemerkt, in dieses andere Gebiet seines Geistes und geht gleich in die Vorderseite wieder zurück. Übt er jedoch fleißig weiter, so wird es allmählich leichter, bis einmal der Moment kommt, da beides eins wird. Das ist die Wesensschau. Ein Einswerden, wie man es bisher nicht gekannt hat, ist allgemeine Erfahrung jener, die dieses Erlebnis haben. Insofern weicht die Erklärung nicht von der allgemeinen Erfahrung ab. Nicht selten komme es vor, dass Leute, die in den Zustand des munen-musô (ohne Ideen und Gedanken) kämen, glaubten, sie hätten schon jenen Zustand erlangt. Jedoch geht die Wahrnehmung, die hier gemeint ist, darüber hinaus. Sie ist eine Intuition.

Neues Bewusstsein jenseits üblicher Bewusstseinszustände

Erst mit der Beschauung kommt man zu diesem neuen kosmischen Bewusstsein. Mag die westliche Betrachtung im Sinne einer intellektuellen Analyse oder als eine Intensivierung der Gefühlszustände vorgehen, sie bleibt immer auf der Linie von Akten des Intellektuellen sowie der Sinne und der Einbildungskraft. – Wenn das erste erstrebte Ziel der Meditation ein tieferer Gemütszustand ist, kann der Akt, der dabei Ursprung ist, so gut wie unwahrnehmbar werden, kann das Subjekt den Eindruck haben, dass es gleichsam am Mittelpunkt seines Ich angelangt ist. In Wahrheit hält sich noch alles im Kopf auf der Ebene einer gedanklichen Erfahrung der Akte. Dies weist darauf hin, dass ein primär Existierendes, das den Akten zugrunde liegt und aus dem sie hervorgehen, sich noch gar nicht preisgegeben hat. – Es ist noch gar nicht angekommen. Dann heißt es: Das Selbst kommt erst jenseits der gespürten Bewusstseinszustände, der psychologischen wie der moralischen, zum Vorschein. Nach der Auffassung der großen Experimentatoren des Selbst beginnt der Weg zum Absoluten für sie überhaupt erst, nachdem sie über die gewohnten Akte des erfahrbaren Ich hinausgegangen sind und sie hinter sich zurückgelassen haben. Vielleicht hätte der Mensch, der in der griechisch-lateinischen Tradition und der des geistig verarmten modernen Abendlandes steht, niemals die Möglichkeit dieser unaussprechlichen Erfahrung des Absoluten und seines Selbst so klar in den Blick bekommen, aber der Osten bietet dem Westen ein mit Nachdruck bejahendes Zeugnis einer ganzen Kultur an, die geistig zu den reichsten der Welt gehört. Ich spreche von der indischen Kultur und ihren vielfältigen Standpunkten von Yoga bis Zen. Eine begriffliche Erklärung zu alledem zu geben, ist an sich sehr schwierig, denn die begriffliche Ebene hört dort auf, wo es um das Absolute geht. Dessen waren sich auch die Zenmeister immer bewusst, als sie vor der Versuchung gewarnt haben, diese mystischen Erfahrungen in Worten restlos erklären zu wollen. Dies führe nur zu Irrtümern.

Absolute Leere: unterwegs zum Absoluten

In der Zen-Meditation müssen wir uns von dem diskursiven Denken befreien. Das Absolute, das wir erfahren möchten, entzieht sich jeder Begrenzung, jedes Begriffes und jedes Ausdrucks durch Worte. Daher bedient sich der Osten und insbesondere das Zen der negativen Ausdrucksweise. Man spricht nicht vom Absoluten, sondern von der absoluten, der vollkommenen Leere. Hierfür gibt es keine Definition, sondern lediglich die Erfahrung; denn definieren bedeutet begrenzen, abgrenzen, und für das Absolute gibt es weder Grenzen noch Widersprüche. Wenn wir Gott begrifflich erfassen oder uns ein Bild von ihm machen, dann erfassen wir Gott nicht selbst. Im ersten Gebot lernen wir bereits, dass wir uns kein Bild von Gott machen sollen, da das Bild von Gott nicht Gott selber ist. Sowohl in der Zen-Erfahrung als auch in der christlichen Mystik wird das absolute und ungeteilte Sein erfahren. Der Unterschied der Erfahrung besteht darin, dass das Zen-Erlebnis ein apersonales, das christliche ein personales Erfassen des Absoluten ist. Das antwortende Fühlen des Empfängers ist so verschieden, dass hier auch im Phänomen selbst ein wesentlicher Unterschied sein muss. Es liegt gewiss nahe, diese Unterschiede auf die jeweilige Weltanschauung, Tradition und Kultur zurückzuführen. Wenn man das tut, bleibt noch die Frage, ob sich dadurch die Verschiedenheit restlos klären lässt. Es ist freilich richtig, dass die apersonale Erfahrung des Absoluten das Primäre ist. Aber trotzdem kann man nicht sagen, dass der in der christlichen Erfahrung personale Erfahrungsbereich unecht sei.

Denn dieses Element ist bei den Mystikern mit der Erfahrung des Absoluten so innig verbunden, dass es mit diesem zu einem unteilbaren Ganzen verbunden ist. Wenn man diesen Teil ausklammern wollte, müsste man das ganze Erlebnis als unecht ablehnen. Das würde nicht einmal ein Zen-Meister annehmen, wenn er auch nur wenig von christlicher Mystik versteht.

Meditation ist kein Selbstzweck

Die Menschen reisen um die ganze Welt, um das Glück zu finden, und eines Tages entdecken sie, dass das wahre Glück nur im eigenen Herzen zu finden ist. Durch den Kontakt mit den östlichen Religionen sind heute viele Menschen in christlichen Ländern auf die Mystiker der eigenen Religion aufmerksam geworden. Es ist eigentlich überraschend, dass das Gespräch über die Meditation gerade zu einer Zeit in Gang gekommen ist, da der Westen in den Errungenschaften der Wissenschaft und Technik geradezu schwelgt. Selbst im religiösen Raum lag dieses Gespräch fern. Es ist noch nicht lange her, dass man auf religiösem Gebiet nicht von »Erlebnissen« sprechen konnte, ohne in den Verdacht falscher Mystik zu kommen. Die Erinnerungen vergangener Jahre wirkten noch nach. Mystik war ein Tabu. Aber stattdessen wurde die gegenständliche oder intentionale Meditation, Betrachtung genannt, eifrig gepflegt. Das wurde anders, als man vor wenigen Jahren die Entdeckung machte, dass man im religiösen Leben zu sehr auf sich selbst bezogen sei und zu wenig auf den Mitmenschen. Dialog und nicht Betrachtung sei die Hauptsache. Auch Gott könne man nur im Mitmenschen begegnen. In diesem Sinne wurde die tägliche Betrachtung in vielen religiösen Gemeinschaften freigestellt oder sogar abgeschafft.

Heute, nur wenige Jahre später, ist das »Meditieren« so weit verbreitet wie noch nie. Es besteht sogar die Gefahr, dass es eine Mode wird. Das würde bedeuten, dass es zum Selbstzweck entartet und gerade das, was durch die eigentliche Meditation erreicht werden sollte, erschwert wird. Das empirische Ich, das allmählich verschwinden sollte, um zum tiefsten Selbst und zu echter Freiheit zu kommen, würde dann durch die Meditation noch mehr gestärkt. Diese Krankheit im geistlichen Leben haben die Alten auch schon gekannt. Man nannte sie die geistige Gefräßigkeit. Die echte Meditation befreit und öffnet zum Mitmenschen. Die unechte schließt ab und nährt die Selbstsucht.

Zazen – sitzen wie der Berg Fuji

Radikaler Weg

Wahrscheinlich gibt es in keiner Religion einen so radikalen Weg der geistigen Losschälung wie im Zen. Wer diesen Weg unter Leitung eines strengen Meisters geht, wird das bald bemerken. Man darf sich an nichts hängen, nirgends stehen bleiben, weder bei guten noch bei schlechten Gedanken und Gefühlen. Die geringste Ausnahme bedeutet Stillstand. Wer den Weg einmal ernstlich angetreten ist, kann nicht mehr zurück, d.h. er kann nicht noch einmal sein, wie er vorher war. Er hat Dinge erlebt, die er nicht mehr vergisst. Es hilft nichts, er muss tiefer in das Dunkel hineingehen, bis das Licht aufleuchtet, das er ersehnt. Aber wann dieser glückliche Augenblick kommt, weiß er nicht und das kann ihm auch niemand sagen. Er hat nicht einmal die Garantie, dass er jemals zum Licht kommt. Nur eines weiß er, nämlich, dass die Zeit nicht verloren ist, wenn er durchhält. Er bemerkt, dass sich sein Leben wandelt, und dass er nicht zuletzt im Dienste seiner Mitmenschen mehr tun kann, als wenn er diesen Weg niemals angetreten wäre.

Meditationskräfte

Die Zen-Meister sind oft starke Persönlichkeiten. Aber auch unter den Zen-Übenden aus dem Laienstand findet man kraftvolle Charaktere, große Staatsmänner und geschäftstüchtige Industrielle. Das Zazen beeinflusst jede Berufstätigkeit in günstiger Weise. Das ist wohl darauf zurückzuführen, dass es die Konzentration auf die Arbeit erleichtert. Auch auf das Religiöse wirkt sich diese Kraft positiv aus. Sie erleichtert die innere Sammlung, die für jede Art von Gebet, Meditation und Liturgie von großer Wichtigkeit ist. Gerade in einer so unruhigen Zeit wie der gegenwärtigen ist das von großer Bedeutung. Findet einer trotz aller Geschäftigkeit Zeit zum Gebet, so ist ihm nicht viel geholfen, wenn er nicht imstande ist, sich von seinen täglichen Beschäftigungen auch innerlich freizumachen.

Jeder Mensch ist nur zu einem geringen Maße frei.

Diese Wirkung erklärt sich gerade daraus, dass das Bewusstsein entleert wird. Wenn das geschieht, kommt allmählich auch das Unbewusste in den Blick und schließlich in den Griff. Die Einsicht (chi-e) ist die intuitive Seite der Erkenntnisfähigkeit. Die Entwicklung der Intuitionsfähigkeit, die im Menschen zunächst nur keimhaft vorhanden ist, wirkt sich auf das gesamte menschliche Leben aus und hat eine besonders hohe Bedeutung für das Religiöse. Sie ist für die Erlangung des Satori von großer Wichtigkeit, da diese Erfahrung ganz und gar in der intuitiven Richtung liegt.

Die Meditationskräfte jôriki und chi-e wachsen Ihnen mit zunehmender Meditationserfahrung immer mehr zu. Wenn Sie das diskursive Denken durch das intuitive Denken ergänzen, werden Sie allmählich fähig, die Wahrheit ganz zu erfassen.

Hat Ihnen der Tee geschmeckt?

Die Motive und Motivationen zum Zen zu kommen, können sehr unterschiedlicher Natur sein. Einige suchen den Zen-Weg aus gesundheitlichen oder psycho-hygienischen Gründen, andere kommen in der Hoffnung, dass die Zen-Meditation eine Hilfe für ihr religiöses Leben, für ihren christlichen Glauben und ihr Gebetsleben sein kann.

Wenn man nur mit Eifer und Ausdauer den Zen-Weg geht, kommt man immer zu einem guten Ergebnis. In welcher Form Sie das merken, kann man nicht voraussagen. Zen ist ein Weg, bei dem die Wirkung nicht unmittelbar spürbar wird. Es gibt Menschen, die schon während ihres ersten Sesshins zur Erleuchtung gelangen. Es gibt andere, die mehr als 10 Jahre sitzen und noch kein Erleuchtungserlebnis hatten. Das bedeutet aber nicht, dass die Letzteren deshalb nicht irgendwann eine bessere und intensivere Erfahrung machen könnten. Wenn Sie also die Zen-Meditation mit Ernst betreiben, werden Sie in jedem Fall bereichert werden.

In der gemeinsamen Tischrunde bei den Mahlzeiten soll jeder nur auf sich selbst konzentriert sein. Auf die sonst üblichen Höflichkeiten bei Tisch müssen wir während des Sesshins verzichten. Mein Nachbar oder Gegenüber darf mich nicht interessieren, damit mir die innere Haltung nicht verloren geht. Konzentrieren Sie sich ständig auf Ihr Kôan (Rätselspruch), Ihren Atem, auf Ihren Weg nach innen.

In diesem Zusammenhang fällt mir die Geschichte eines Meisters der Teezeremonie ein, der einen Amerikaner zu Gast hatte. Der Meister hatte ihm den Tee bereitet, und dann fragte der Amerikaner: »Erklären Sie mir bitte ganz genau die Einzelheiten, wie und warum alles gemacht werden muss.« Darauf sagte der Meister: »Hat Ihnen der Tee geschmeckt?« Der Amerikaner: »Ah, der war sehr gut.« »Das ist alles«, erwiderte der Meister. Hieran sehen wir, dass wir nicht an Kleinigkeiten haften sollten, damit wir nicht das Wesentliche verpassen.

Zen und Kultur

Für den Japaner ist die Kunst viel mehr ein Lebensweg als für den Europäer, eben weil sie mit dem Zen zusammenhängt. Nur wer weiß, was die Erleuchtung ist, kann eigentlich die japanische Kunst und überhaupt die japanische Eigenkultur richtig verstehen. Zen und Zen-Erleuchtung sind gleichsam die Schlüssel zum Verständnis der japanischen Seele.

Man sagt oft, dass es für den Europäer schwer und geradezu unmöglich ist, die japanische Mentalität zu verstehen. Das kommt daher, dass der Ursprung der japanischen Kultur ganz woanders liegt als der der europäischen.

Indien und Japan sind mit ihrer Form der Erleuchtung den Völkern Europas weit überlegen. Man kann vielleicht sagen, dass die Erleuchtung das Höchste ist, was der Mensch mit seinen Kräften erreichen kann. Europa und Amerika haben das nicht erreicht, wenigstens nicht in dem Maße, dass es einen Einfluss auf die westliche Kultur gehabt hätte.

Die Hauptstärke der japanischen Kultur liegt sicher in der Intuition, im Gefühl, in der Kunst und in allem, was damit zusammenhängt. Es gibt wohl kaum ein anderes Volk, das ein so feines Verständnis für die Kunst entwickelt hat wie das japanische. Bis in die alltäglichsten Formen des Lebens macht sich das bemerkbar. Europa und Amerika können sich in dieser Beziehung mit Japan nicht messen.

Die in Japan so viel verbreiteten »Do's« oder »Wege« wie der bekannte Weg des Tee, gewöhnlich Tee-Zeremonie genannt, der Weg des Schreibens, der Blumen, des Schwertfechtens, Bogenschießens und des berufsmäßigen Tänzers mit ihrer Lebensphilosophie sind alle volkstümliche Ableger des Zen-Buddhismus. Sie sind gewissermaßen ein Ersatz für die Meditation, die nicht allen zugänglich ist, oder nur in geringem Maße.

Der Tee schmeckt jedem gleich

Kann man die Meditation von ihrer Religion trennen? Ich bleibe dabei: Im Zen liegt der Fall anders. Zazen hat grundsätzlich keine Gedanken. Daher steht es auch nicht im Widerspruch zum Christentum. Streng genommen sollte man daher auch nicht von »christlichem Zen« sprechen. Aus demselben Grunde gibt es ja auch kein »buddhistisches Zen«. Ich erinnere noch einmal an jenen Zen-Meister, der das einmal in einem Vergleich mit dem Tee zum Ausdruck gebracht hat. Eine Tasse Tee schmeckt, so sagte er, für einen Buddhisten genauso wie für einen Christen; da ist kein Unterschied. Man könnte freilich nun zurückfragen: Hat denn die Zen-Meditation, die in so vielen Zenklöstern geübt wird, gar keine Beziehung zum Buddhismus? Sind denn die Zenmönche keine religiösen Menschen, keine Buddhisten, am Ende gar Atheisten? Dazu ist zu sagen: Gewiss besteht eine Beziehung zur Religion insofern, als diese das religiöse Bewusstsein meint, bevor es mit einer bestimmten Religion sich verbindet. So kommen oft Menschen zu den Zenkursen, die keine Beziehung zu einer institutionalisierten Religion, weder zum Christentum noch zum Buddhismus, haben. Solche Teilnehmer sind heute zumal unter den jüngeren Menschen nicht selten. Ihre Motivation, Zazen zu üben, hat mit keiner Religion etwas zu tun. Nicht selten kommen solche Menschen dann unerwartet zu einem religiösen Erwachen. In ihnen hat sich eine Tür geöffnet, die für immer verschlossen zu sein schien.

Gerade weil das »reine« Zen, wie wir es meinen, keinen Gedanken hat, kann es jedem Menschen, der es ernstlich und richtig übt, etwas bringen, vorausgesetzt, dass er ein gewisses Maß an psychischer Gesundheit mitbringt.

Zwischen Entsagung und Freude

Das Zazen ist ohne Zweifel das Hauptmittel zur Erlangung der Erleuchtung. Wenn dieses Mittel zum Ziel führen soll, darf die Meditation freilich nicht allein stehen, sondern sie muss beständig von einer ihr entsprechenden Lebensweise, soweit das jeweils möglich ist, begleitet sein. Das heißt nun nicht, dass man vollständig von der menschlichen Gesellschaft getrennt leben müsse, etwa in einer Einsiedelei oder in einem Kloster. Das ist zwar für die Meditation die günstigste Bedingung, aber nicht conditio sine qua non, um zur Erleuchtung zu gelangen. Wohl muss man sich um ethische Erneuerung bemühen. Man muss darauf bedacht sein, über die ungeordneten Triebe und Leidenschaften Herr zu werden. Dazu ist freilich auch ein gewisses Maß von Entsagung notwendig. Die Lebensweise der angehenden Zen-Mönche (unsui) ist, was Nahrung, Kleidung und Wohnung betrifft, denkbar einfach und karg. Auch der Laie muss, wenn er zur Erleuchtung kommen will, sich nach Möglichkeit einschränken.

Dass es auch vom Eifer des Übenden abhängt, ob er früher oder später zum Satori kommt, ist selbstverständlich. Außerdem ist das mit Eifer geübte Zazen, selbst wenn es nicht bis zum Satori führt, stets wirksam.

Endlich verdient noch erwähnt zu werden, dass das Zazen, wenn es viel geübt wird, bisweilen eine außerordentlich intensive Freude hervorruft, die den ganzen Menschen, Leib und Seele, erfasst. Das geschieht auch außerhalb der Meditation, und zwar unvermittelt und unerwartet. Man hört z.B. in einem einzigen Ton einer Tempelglocke gewissermaßen alle Symphonien Beethovens. Auch andere Wahrnehmungen konnen dieses Gefühl der Freude auslösen. Solche Phänomene sind schwer zu erklären. Aber an der Tatsache ist nicht zu rütteln. Manchmal sind diese Erfahrungen der unmittelbare Anlass für die Erleuchtung selbst.

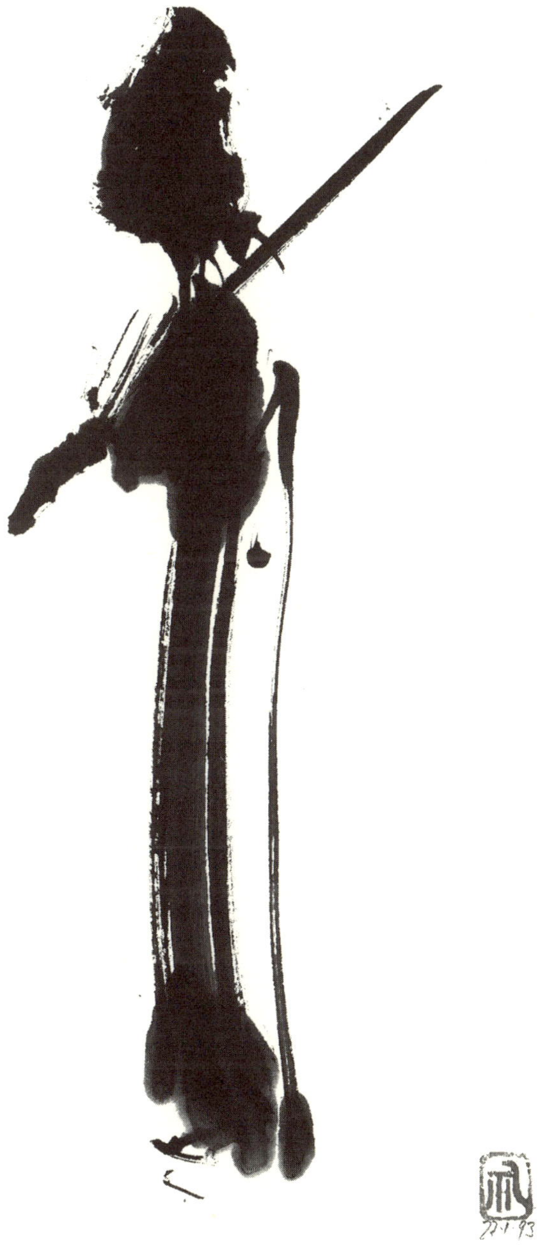
22.1.93

Zen ist harte Arbeit

Zen kann wirklich erstaunliche Wirkungen haben, wenn die Erfahrungen der Vergangenheit, die in den kleinen, anscheinend unwichtigen Normen inkorporiert sind, nicht außer Acht gelassen werden. Man hofft vielleicht, durch gewisse Erleichterungen ein bestimmtes Ziel schneller zu erreichen. Aber das täuscht oft. Und wenn es doch zu gelingen scheint, so bleibt noch die Frage, ob das Erreichte zum sicheren Besitz geworden ist. Zen ist harte Arbeit. Daran kommt man nicht vorbei. Es braucht Ausdauer, um das zu erlangen, was Zen auch dem westlichen Menschen geben kann. Nehmen wir, um die Sache konkret zu machen, ein Beispiel: Man legt bei einem Zen-Kurs, wo sonst zehn Meditationen gehalten werden, dreimal eine halbe Stunde Entspannungsübungen ein und beschränkt die Zahl der Meditationen auf sieben. Sicher ist das eine große Erleichterung, und mancher freut sich schon während des Zazen auf die nächste Entspannungsübung (was übrigens total falsch wäre). Ob in der Gesamtwirkung ein Vorteil erzielt wird gegenüber dem, der die zehn Meditationen ohne Entspannungsübungen durchhält, müsste festgestellt werden. Vielleicht ist es umgekehrt. Wenn es durchgestanden wird, werden die Zen-Übungen selbst zu Entspannungen. Sonst aber nicht oder erst viel später. Besser schiene es mir, einen Weg zu finden, während des Zazen selbst die Verspannung zu lösen, was auch möglich zu sein scheint.

Wenn es einem nur darauf ankommt, vorübergehend zu einer gewissen Ruhe zu gelangen, gibt es andere Methoden, die leichter sind und schneller zum Ziele führen. Es gibt auch Menschen, die aus diesem Grunde mit einer leichteren Methode beginnen und eine Zeit lang mit den Ergebnissen zufrieden sind. Nach einiger Zeit aber können sie sich doch nicht damit begnügen und kommen dann zum Zen.

Zen-Übung – ein sehr ernstes Anliegen

Die Zen-Kurse, die heute in vielen Ländern auch von christlicher Seite veranstaltet werden, wurden erst nach dem Konzil möglich. Gewiss haben schon viel früher Missionare Tage und Wochen in Zen-Klöstern zugebracht, um das Zen in seiner Theorie und Praxis kennen zu lernen. Auch hat es schon vorher Zen-Meister gegeben, die in christliche Länder kamen, um dort Kurse zu geben, was allerdings in Amerika mehr als in Europa der Fall war. Aber man hat doch nie gehört, dass katholische Priester oder offizielle Vertreter anderer christlicher Bekenntnisse Zen-Kurse gehalten hätten. So etwas war eben damals noch nicht möglich. In Japan selbst haben wir damit in engem Rahmen schon kurz vor Beginn des Konzils angefangen. Im deutschsprachigen Raum wurde der Anfang im Jahre 1968 gemacht, nachdem ein Jahr zuvor, im Mai 1967, auf der unvergesslichen Arzt-und-Seelsorger-Tagung in Schloss Emau (Oberbayern) das Verlangen nach solchen Kursen von vielen Teilnehmern geäußert worden war.

Als einmal der Anfang gemacht war, wurden die Kurse in den folgenden Jahren mit beständig wachsender Beteiligung fortgesetzt. Gegenwärtig ist die Nachfrage schon so groß, dass ihr aus Mangel an ausgebildeten Kräften nicht mehr vollkommen entsprochen werden kann. Oft reichen selbst die Räumlichkeiten nicht aus, um alle Bewerber aufzunehmen. Ganze Gruppen bitten um geschlossene Kurse zu den Wochenenden.

Dazu kommen andere östliche Methoden, die ebenfalls und sogar in noch größerer Zahl beansprucht werden, wie zum Beispiel die transzendentale Meditation. Die Verbreitung der östlichen Methoden im Westen gleicht schon fast einer Lawine. Trotzdem ist bisher die Zahl derer, die nur aus Neugierde und Modesucht kommen, verschwindend gering. Den meisten geht es doch um ein sehr ernstes Anliegen, das für sie selbst zentral und entscheidend ist.

Leitung durch den Zen-Meister

Der Leitung durch den Zen-Meister wird im Zen stets größte Bedeutung beigemessen. Die Beziehung zwischen Meister und Schüler ist im Orient seit jeher enger gewesen als im Westen. Das tritt im Zen besonders stark zutage. Denn die große Erfahrung, das Satori (Erleuchtung), wird nicht durch Worte und Schrift weitergegeben, sondern durch ishin-denshin: von Seele zu Seele oder von Geist zu Geist.

Im Zen aber ist die Führung schon von Anfang an so wichtig, weil man sich dort gleich bemüht, in das Unbewusste einzudringen. Zu diesem Zweck stellt man die ich-geleitete geistige Tätigkeit ab und hält sich innerlich vollkommen still. Weil man selbst nichts tut, geschieht etwas oder es kann etwas geschehen. Es bedarf also ganz besonders der Leitung, solange man selbst noch keine Erfahrung auf diesem Gebiete hat, damit man nicht in die Irre geht.

Aber auch bei positiven Voraussetzungen nach ersten Erfahrungen ist die Leitung durch einen erfahrenen Zen-Meister von unschätzbarem Wert. Bei guter Führung kommt man auf diesem Wege schneller voran und mit größerer Sicherheit schließlich auch zur Erleuchtung. Der Fortschritt im Zazen und die Erlangung des Satori hängen jedoch nicht allein von der Leitung des Zen-Meisters ab, sondern auch von anderen Dingen, besonders aber von der eigenen Veranlagung und vom Eifer, mit dem man übt. In dieser Hinsicht kann der Zen-Meister nichts ersetzen und uns auch nichts abnehmen. Wir sollten nicht den »inneren Meister«, dem wir folgen können, vergessen. Wenn Sie wirklich bis zu einem hohen Grade vollständig von allen Dingen losgekommen sind, dann werden Sie die Stimme dieses inneren Meiters hören.

Atmung als Weg zum wachen Nichtdenken

Eine der wichtigsten Voraussetzungen des Hineinkommens in die Meditation ist die richtige Atmung. Ihre Atmung geschieht grundsätzlich durch die Nase und sollte Tiefatmung, d.h. Zwerchfellatmung sein. Der Atem selbst soll tief und ruhig sein. Machen Sie zwischen Einatmen und Ausatmen keine längere Pause und halten Sie den Atem niemals an.

Lassen Sie Ihren Atem immer fließen. Mit der beschriebenen Zwerchfellatmung fördern Sie Ihren Blutkreislauf und beruhigen Ihre Nerven. Nachdem Ihr Körper einmal zur Ruhe gekommen ist, finden Sie auch leichter in einen seelischen Ruhezustand, der für die Meditation so notwendig ist.

Damit Sie während der Meditation möglichst schnell von Ihren Gedanken, Vorstellungen und Bildern loskommen, empfehle ich zunächst die Konzentration auf den Atem. Sie können entweder die Atemzüge zählen oder, ohne sie zu zählen, nur auf sie achten.

Die Konzentration auf den Atem ist uralt und soll bis auf Buddha oder gar noch weiter zurückgehen. Es hat für seinen Zweck, allmählich alles andere auszuschalten und innerlich zur Ruhe zu kommen, eine überraschend gute Wirkung, und ist für den Anfang durchaus anzuraten.

Sie dürfen das Zählen des Atems nicht oberflächlich betreiben. Für Sie darf nichts mehr wichtig sein, als das Zählen selbst – von eins bis zehn und dann wieder von vorn. Wenn Sie beim Zählen des Atems immer tiefer in die Meditation hineingeraten, kann es auch bei solch einer Übung zur Erleuchtung kommen.

Wer in der Zen-Meditation noch wenig eingeübt ist, sollte in der Anfangszeit nur auf seinen Atem achten. Später erfahren wir von anderen Möglichkeiten, die uns tiefer in die Meditation hineinbringen.

Schwierigkeiten mit dem Nichtdenken

Ihre äußere Haltung ist notwendig für die Vorbereitung des Körpers zur Meditation. Wenn der Atem richtig fließt und die Wirbelsäule aufrecht gehalten wird, kommt der Blutkreislauf in Ordnung. Zazen ist im Allgemeinen für die körperliche Gesundheit sehr gut. Leute, die Zen praktizieren, können ein hohes Alter erreichen.

Die innere Haltung ist aber das Wichtigste und der unmittelbare Zweck der Körperhaltung und Atmung. Die Schwierigkeit liegt in der Loslösung von sämtlichen Gedanken. Meister Dögen (1200-1253), der Gründer japanischen Sôtô-Schule, drückt es so aus: »Denke das Nichtdenken!« Wir sitzen während des Zazen ebenfalls mit dem Gesicht zur Wand wie im Sôtô und üben mit dem Kôan wie in der Rinzai-Schule.

Das Denken ohne Gegenstand wird Ihnen am Anfang nicht leicht fallen. Mit zunehmender Übung werden Sie verstehen, was gemeint ist. Auf keinen Fall sollten Sie dösen oder gar einschlafen. Wenn Sie zu der inneren Haltung gelangen, wo das aktive Denken aufhört, dringen Sie allmählich in die Tiefe der Stille ein. Normalerweise würden Sie sicherlich sagen, dass das rationale Denken das Höchste des Menschen ist. Wenn Sie aber einmal nur für einen kurzen Augenblick in den Zustand der tiefen Stille gelangt sind, werden all Ihre theoretischen Schwierigkeiten mit dem Nichtdenken beseitigt sein. Vertrauen Sie sich der Führung des Zen-Meisters an. Der Zen-Meister verfügt über einen praktischen Menschenverstand und weiß durchaus mit den Dingen des täglichen Lebens fertigzuwerden.

Das klassische Ziel von Zen und Yoga ist immer das rein Geistige gewesen. Das verbindet sie auch mit dem Christentum. Daraus erklären sich auch die höchsten Erfahrungen. Im Yoga beispielsweise gibt es eine Reihe von Voraussetzungs-Übungen, die für unsere Erfahrungen wertvoll sein können. Auf der letzten Stufe jedoch ist die vollkommene Stille das Wichtigste.

Shikantaza – konzentrierte Geistesgegenwart

Meister Harada beschrieb das Shikantaza auf folgende Weise: »Es ist wie der am Ostmeer majestätisch emporragende Fuji-Berg. Doch ist der Vergleich noch zu schwach. Eigentlich sollte man sagen: Das Zazen ist ein Gefühl, so massiv, als ob das Sitzkissen zum Erdball geworden sei und das Weltall den Unterleib ausfülle. Unbeweglich stehen die grünen Berge. Die weißen Wolken kommen und gehen.«

Greifen Sie ruhig dieses Bild auf. Wenn Sie sitzen, sind Sie der Fuji-Berg. Lassen Sie einfach Ihre Gedanken kommen und gehen und schauen Sie ihnen unbewegt wie vorüberziehenden Wolken zu. Ob der Himmel klar oder bewölkt ist, verändert den Berg überhaupt nicht. Die Wolken – Ihre Gedanken – ziehen vorüber. Der Berg behält immer seine ursprüngliche Gestalt, und diese ursprüngliche Gestalt ist das eigentliche tiefste Wesen. Wenn Sie sich das vor Augen führen, werden Sie sich nicht so damit quälen, die logischen Gedanken loszulassen. Geraten Sie aber auf keinen Fall in ein Dösen, denn das wäre schlimmer als viele Gedanken zu haben, es wäre gänzlich totes Zen.

Der Zweck der Zen-Übung ist wie schon gesagt – buddhistisch formuliert – das Bewusstwerden der »Buddhanatur«. Damit ist aber nicht gemeint, dass dies nur eine Übung für Buddhisten sei. Dahinter steht vielmehr die allgemeine Vorstellung von dem »doppelten Sein« des Menschen. Das eine Sein ist jener Teil unserer Existenz, dessen wir uns alle bewusst sind. Aber das ist nicht alles. Der Mensch hat auch teil an einem ungeteilten und absoluten Sein, das allem, was ist, zugrunde liegt. Nach buddhistischer Lehre soll er an diesem absoluten Sein nicht nur teilhaben, sondern er muss sich dieses Zustandes auch bewusst werden. In diesem Erlebnis wird er sich seines ganz anderen »überweltlichen«, überindividuellen Seins bewusst. Es ist der Kern dessen, was man mit dem Begriff Erleuchtung zu umschreiben versucht.

Kôan – eine Schranke ohne Tor

Es gibt 1700 Kôan, die in verschiedenen Kôan-Sammlungen nachzulesen sind. Das Kôan soll den Schüler in eine ausweglose Sackgasse führen. Wie kann ein solches Kôan zur Bewusstseinsleere und weiter zur Erleuchtung führen? Der Schüler wird zunächst versuchen, eine logische Lösung zu finden, aber was immer er dem Meister vorlegt, wird abgewiesen, wenn es nicht aus der Sphäre des intuitiven Denkens kommt. Darum wird es ihm auch nicht helfen, eine Antwort zu bringen, die er von einem anderen gehört hat, der schon die Erleuchtung erlangt hat. Denn der Meister wird sofort weitere Fragen stellen und feststellen, dass der Schüler nicht »verstanden« hat. Nach diesem vergeblichen Bemühen gibt der Schüler schließlich den Versuch einer logischen Lösung auf. Erst dann beginnt er in der richtigen Weise mit dem Kôan zu üben. Er denkt nicht mehr über das Kôan nach, sondern hat es im Sinn, und zwar beständig bei Tag und bei Nacht. Er kommt in eine innere Not, wo er weder eine Lösung findet noch das Kôan einfach fallen lassen kann. Wenn er nun mit großer Intensität weiter mit dem Kôan übt, so wird er eines Tages eins mit dem Kôan. Er wird das Kôan, das Nichts oder die Hand. In dieser Situation ist sein ganzes Bewusstsein sozusagen mit dem Kôan ausgefüllt. Aber er übt weiter und weiter, bis plötzlich das Kôan aus seinem Bewusstsein verschwindet. In diesem Augenblick ist die vollkommene Bewusstseinsleere, in der nicht einmal das satori, die Erleuchtung, als erstrebtes Ziel durchschimmert, eingetreten. Nun ist er der Erleuchtung ganz nahe.

Er muss aber mit höchster Anstrengung weiter üben, ohne jede Reflexion – und, ohne seine Aufmerksamkeit auf irgendein bestimmtes Objekt zu richten. Das Bewusstsein muss »lückenlos leer« bleiben. Sonst ist die Gelegenheit verpasst. Wenn ihm das gelingt, so bedarf es nur noch eines ganz geringen Anstoßes, damit sich der Geist öffnet zur neuen Sicht, in der die Erleuchtung stattfindet.

Zum Versenkungsvorgang

In der Versunkenheit ist die Meditation überhaupt kein konzentrierter Akt; das meditierende Denken geschieht hier ohne Aktivitätsbewusstsein und enthält keine Willenserlebnisse. Trotzdem hat der meditative Verlauf durchaus ein Gefüge. Er ist auf einen Gegenstand ausgerichtet, aber anders als bei der gegenständlichen Meditation. Die Innenschau oder bildlose Schau ist eine Schau in die Dunkelheit, aber nicht eine Schau des Dunkels. Sie ist eine Schau, in der nichts gesehen wird, aber nicht eine Schau des Nichts. Denn in der Dunkelheit, in die hineingeschaut wird, und im Vorgang eines Nichtsehens ist gleichzeitig und immer die mystische Präsenz enthalten.

Die Sinne nehmen also nicht nichts wahr, so dass man z.B. nicht sähe, obwohl die Augen geöffnet sind, sondern die Sinneswahrnehmungen bleiben gewissermaßen an der Schwelle des Bewusstseins stehen, so dass im Bewusstsein vollkommene Ruhe herrscht und etwas, das trotzdem hereinkommt, wirkungslos bleibt. Auch die sensitiven Reize, die vom eigenen Körper herkommen, z.B. Schmerzen in den Beinen, die beim Lotus-Sitz anfänglich entstehen können, werden nicht mehr als solche empfunden. Der Schmerz fühlt sich manchmal an, als ob es der Schmerz eines anderen wäre. Er gleitet immer mehr an die Peripherie des Bewusstseins. Solche Phänomene sind ein Zeichen dafür, dass man tief in den Zustand der Versenkung eingedrungen ist. In dieser Meditation wird die gefühlshafte Struktur des Erlebnisgesamten immer mehr gegenüber der gedanklichen Struktur verstärkt. Das Fühlen durchdringt in zunehmendem Maße das Denken.

Das Versunkenheitsbewusstsein ist noch nicht einfachhin leer. In diesem Zusammenhang sagen auch die Zen-Meister, das munen-musô, d.h. »ohne Begriffe und ohne Gedanken«, bestehe nicht darin, dass keinerlei Gedanken auftauchen, sondern darin, dass man sich nicht um sie kümmere.

Zanmai: Zeichen der nahenden Erleuchtung

Das Zanmai ist jener Zustand, auf den es beim Zazen eigentlich ankommt. Wenn man auf andere Weise in diesen Zustand kommt, kann man die geistigen Wirkungen – die das Wichtigste sind – auch ohne das Zen erreichen. Mit der Auswirkung auf Körper, Gesundheit und langes Leben, ist die Sache nicht so klar. Man könnte den Zustand des Zanmai eine tiefe Sammlung oder Versenkung nennen.

Im Zen wird jedoch die Erleuchtung nicht mit Zanmai bezeichnet. Auch werden keine klar voneinander verschiedenen Stufen des Zanmai unterschieden. Wohl spricht man von einem mehr oder minder tiefen Zanmai. Anfänglich ist noch eine bewusste Tätigkeit vorhanden. Später wird das Ich mehr und mehr passiv. Dieser Zustand gilt aber nicht als Dauerzustand, sondern zunächst nur für die Zeit der Meditation. Es gibt jedoch auch ein Zanmai außerhalb dieser Zeit.

Dieser Zustand ist wohl in allen Religionen bekannt. Zen, Yoga und andere Methoden wollen zu diesem Zustand hinführen. Aber es kommt auch vor, dass sich das Zanmai von selbst und ohne sichtbaren Grund einstellt.

Während des Zanmai im Zen verändert sich der Bewusstseinszustand in dem Sinne, dass der innere Mensch mehr und mehr von der äußeren Welt abrückt, wobei sich die Wahrnehmungen durch die Sinne nicht wirklich verändern. Man sieht und hört wie sonst. Aber man wird dadurch nicht abgelenkt. Auch das Zeitgefühl ändert sich oder geht gewissermaßen ganz verloren. Man bemerkt nicht, dass die Zeit vorübergeht, und ist überrascht, dass die Meditation beendigt ist, obwohl man das Gefühl hat, sie habe gerade erst begonnen.

Trotz dieser auffälligen Veränderungen sagen die Zen-Meister oft, man wüsste nicht, dass man im Zanmai ist. Nimmt man es wahr und reflektiert darüber, so ist man schon heraus.

Die Erleuch-tung ist nur der Anfang

Die Kraft der Erleuchtung

Die Meditation, die im »Grunde« oder »Mutterschoß« vollzogen wird und mehr oder weniger passiv ist, hat in viel höherem Maße die Kraft, jene Schwierigkeiten im religiösen Leben, zu allererst im Glauben selbst, zu überwinden, die der Mensch heute viel stärker empfindet, als er es zu einer Zeit tat, da noch ein kollektiv-religiöses Empfinden bestand. In diesem Sinne führt sie sicherer zum Ziel als die so genannte intentionale Meditation. Die verzweifelte Situation ist doch die, dass der Mensch mit Nachdenken allein über die Glaubensschwierigkeiten nicht hinwegkommt und oft gerade durch das Nachdenken noch mehr in die Ausweglosigkeit getrieben wird. Gerade in diesem Moment sollte er das Denken während seiner Meditation grundsätzlich einstellen und einen Weg in die Tiefen seiner Seele suchen. Eben da setzt die östliche Meditation ein. Der Osten hat diesen Weg immer gekannt und ist ihn gegangen. Buddha soll am Ende seines Lebens seinen Schülern als geistiges Testament die Mahnung hinterlassen haben, einzig und allein nach der Erleuchtung zu streben. Der Weg zur Erleuchtung ist nun gerade diese Tiefenmeditation. Er hat es vermieden, metaphysische Fragen zu entscheiden. Wie die anderen Weisen des Ostens wusste er, dass alle Fragen gelöst sind, wenn man über sie hinauswächst. Es versteht sich von selbst, dass der Christ die Hilfe der östlichen Meditation nicht zu benutzen braucht, wenn er bereits dahin gelangt ist, wohin die östlichen Wege führen wollen. Trotzdem ist es wahr, dass selbst Menschen, die bis zu einem gewissen Grade zum mystischen Gebet gelangt sind, durch die östlichen Methoden auf ihrem Wege noch gefördert werden können.

Der Heilige der Zukunft – ein Erleuchteter

Der Heilige muss auch ein »Weiser« oder »Erleuchteter« sein, wobei in den östlichen Religionen das Letztere den Vorrang hat. Damit soll kein Vergleich angestellt werden bezüglich der Wertschätzung. Es geht hier wenigstens zunächst um etwas anderes, um etwas, das mit der Entwicklung des Menschen zusammenhängt. Es muss gefragt werden: Besteht die Vollkommenheit des Heiligen darin, dass er trotz innerer und äußerer Hindernisse bewahrt und im praktischen Leben verwirklicht, was ihm sein Glaube bzw. sein Gewissen vorschreibt? Das mag bis heute und vielleicht auch weiterhin eine Zeit lang bejaht werden können. Aber wird das auch mit dem großen Umbruch, der oben angedeutet wurde, so bleiben? Gerade das muss in Frage gestellt werden.

Man kann theoretisch einen Unterschied zwischen dem Weisen und dem Heiligen machen. Der Erste ist im Osten gekennzeichnet durch die große Erleuchtung, die allerdings dann auch die Umwandlung des Menschen zuwege bringen muss. Das besagt, dass der Mensch auch ethisch wirklich vollkommen ist, soweit das in diesem Leben möglich ist. Es ist nämlich auch denkbar, dass ein Mensch im besagten Sinne ein Weiser oder Erleuchteter ist und trotzdem weit zurückbleibt hinter einem Heiligen, christlichen Heiligen der Vergangenheit. Dieser Letztere kann als Mensch höher einzuschätzen sein als ein Weiser, bei dem sogar die Gefahr besteht, dass er moralisch versagt, wenn er es nicht auch bis zur ethischen Umwandlung bringt.

Trotzdem sollte in der Zukunft auch der Heilige zur Erleuchtung kommen, das heißt im christlichen Bereich zur mystischen Vereinigung. Diese Eigenschaft scheint uns bei der Frage nach dem Heiligen der Zukunft weit wichtiger als die Verschiedenheiten, die sich aus den Zeitumständen und veränderten Lebensverhältnissen mehr oder weniger notwendig ergeben.

Kraftzentren des erleuchteten Universums

Im Zen würde man sagen: Wo immer ein Mensch die Erleuchtung erlangt, da wird das Universum erleuchtet. Christlich gesprochen: Wo ein Mensch zur mystischen Vereinigung kommt, da wird ein Markstein gesetzt, der den Weg für uns alle abkürzt. Umso mehr gilt das für jede Gruppe von Menschen, die sich um dieses Ziel bemüht und anderen hilft, es zu erreichen. Jedes beschauliche Ordenshaus, jeder Ashram und jedes Exerzitienhaus, das in dieser Weise seine Aufgabe erfüllt, ist wie ein elektrisches Kraftzentrum, das den Menschen Licht und Kraft bringt. Dem Menschen sind ja mit der neuen Weltzeit Möglichkeiten gegeben wie nie in der Vergangenheit. Wenn wir sie nur benützen, wird von selbst ein Weltgewissen entstehen, dem man auf die Dauer nicht widerstehen kann, und schließlich wird der noch widerstrebende Teil der Menschheit integriert, und viele Probleme, die heute noch unlösbar scheinen, werden sich lösen. Es ist in die Hand des Menschen gelegt, das ferne Ziel nahe zu rücken, vielleicht viel näher und schneller, als wir ahnen. Nur muss er es klar sehen und die Mittel ergreifen, die ihm schon jetzt zur Verfügung stehen.

愛

Im Grashalm das Absolute sehen

Es geht dem Zen-Buddhismus in seinem Streben nach der Erleuchtung nicht um eine Art Übermenschentum oder um die Erlangung außergewöhnlicher Kräfte, sondern um das Kernproblem seiner religiösen Existenz. Wir wollen daher, wenn auch nur kurz, auf einige Punkte hinweisen, in denen die buddhistische Lehre von der christlichen und überhaupt von jeder ausgesprochen monotheistischen Religion abweicht.

Als Erstes fällt auf, dass im Buddhismus nirgendwo von einem persönlichen Gott im christlichen Sinne die Rede ist. Man hat deswegen gelegentlich die Frage gestellt, ob denn der Buddhismus überhaupt Religion sei. Dass diese Frage trotzdem zu bejahen ist, wird niemand bezweifeln, der den Buddhismus kennt, so wie er lebt und gelebt wird. Für unser Thema ist der Begriff der Erlösung von größter Bedeutung. Denn der Erleuchtungsweg ist im Zen-Buddhismus der Weg zur Erlösung, als Befreiung vom Leiden und Auslöschung der Begierden, die die Ursache der Leiden sind, bzw. Befreiung aus der Kette der Wiedergeburten, denen der Mensch durch das Gesetz der Kausalität unterworfen ist. Erst wenn er diese Kausalität überwindet, ist er für immer von allem Leiden befreit und vollkommen glücklich.

Dass der Buddhist sich scheut, das Leben zu vernichten, wäre es auch das einer Mücke oder einer Blume, die heute blüht und morgen vom Winde zerrissen wird, hängt mit einer volkstümlichen Auffassung von der Wiedergeburt zusammen. Typisch für diese Auffassung sind die in der Darstellungsweise so kargen Zen-Bilder, etwa ein Grashalm mit nur einem einzigen Pinselstrich dargestellt auf weißem Grund: In diesem Grashalm wird die undarstellbare absolute Leere sichtbar.

Es ist gewiss nicht leicht für einen westlichen Menschen, sich in diese Gedankenwelt einzufühlen. Aber das ist der Hintergrund, auf dem wir den Erleuchtungsweg des Zen-Buddhismus sehen müssen.

Jenseits von gut und böse

In der Zen-Meditation denkt man weder an seine Fehler noch an eine bestimmte Tugend, um die man sich bemühen möchte. Dennoch verschwinden die Fehler nach und nach, und die Tugenden wachsen mehr und mehr. Der Mensch wird umgewandelt, ohne dass er bewusst im Einzelnen danach strebt. Vielleicht fragt er sich eines Tages verwundert: Bin ich denn ein anderer Mensch geworden?

Kommt die Erleuchtung hinzu, dann geht die Entwicklung noch besser voran, bis der Mensch schließlich – buddhistisch gesprochen – eins mit der Natur oder mit dem Kosmos wird und in voller Harmonie mit diesem denkt, plant und handelt. Er braucht dann keines Gesetzes und keines Zwanges mehr, um das Rechte zu tun. In diesem Sinne steht er jenseits von gut und böse. Denn das »jenseits von gut und böse« heißt nicht, dass ihm erlaubt ist, das Böse zu tun, sondern dass er ohne zu denken und zu zielen das Rechte und das Gute trifft. Es versteht sich von selbst, dass es nicht leicht ist, bis dahin zu kommen. Nur wer alles verliert, kann alles gewinnen. Es ist in Wahrheit ein Sterben und Auferstehen zu einem ganz neuen Leben. Erst wenn der Mensch das vollbracht hat, ist er ein wahrhaftig Erleuchteter. Er lebt dann zwar weiterhin in der Welt der Gegensätze und passt sich ihr auch an. Er bleibt wie jeder andere allem von außen kommenden Leiden ausgesetzt. Aber geistig ist er schon frei und erlöst, er befindet sich bereits im Zustand des Nirvana. Für das vollkommene Nirvana freilich ist das Erlöschen des Körpers notwendig, so wie das Verschwinden aller Wellen die Vorbedingung für die vollkommene Stille des Wassers ist.

Zwei Weisen einer Erfahrung

Ein Zen-Meister drückte sich folgendermaßen aus: Da Sie Ihren Christus nicht aufgeben können, müssen Sie selbstverständlich eine »christliche Erleuchtung« bekommen, genau so wie ich, der ich meinen Buddhismus nicht aufgeben kann, eine »buddhistische Erleuchtung« (Satori) bekommen muss. Die beiden Erfahrungen stehen sich nicht gegenüber, sondern die eine ist eher in der anderen enthalten. Dasselbe Erlebnis wird auf Grund jeweils anderer Voraussetzungen verschieden empfunden. Letztlich müssen sich die Denkungsweisen von Ost und West gegenseitig ergänzen. Im Westen herrscht mehr das Bewusste, im Osten mehr das Unbewusste vor. Beide Bereiche sind zu integrieren, damit eine volle Persönlichkeit entsteht. Bei alledem bleibt bestehen: Osten und Westen sind sich darin einig, dass das Ziel nicht eine bloße Bewusstseinserweiterung, sondern das Erlangen einer völlig neuen Bewusstseinsdimension ist.

Was das Satori betrifft, so soll der Mensch nicht in der Erleuchtung ruhen, sondern mit ihr für seine Mitmenschen arbeiten. Zwar wird kein bestimmter Auftrag gegeben, noch braucht es ein sprachlich gegebener Auftrag zu sein; und doch wird der betreffende Mensch ganz persönlich angegangen und vor eine unausweichliche Entscheidung und in eine absolute Verantwortung seines Handelns gestellt. Das Satori-Erlebnis kann auch christlich geprägt sein; dann geht es auf die ganze Erfahrung des Seins bis zur Begegnung mit Gott hin. Im Zentrum dieser Erfahrung steht nicht das passive Verschlungensein von einem Erlebnis, sondern der aktive, wagemutige und entscheidende Einsatz der Selbstverwirklichung.

Erleuchtung – Satori – Kensho

Das Wort »Erleuchtung« könnte dazu verleiten, sich unter der Zen-Erleuchtung eine Art von Lichtvision vorzustellen. Es kommt wohl vor, dass dieses Erlebnis mit einem starken Lichtphänomen verbunden ist. Aber das liegt nicht im Wesen der Zen-Erleuchtung. Im Japanischen gibt es zwei Ausdrücke für diese Erleuchtung. Der eine ist »Satori«, ein Wort, das in Zen-Kreisen Europas und Amerikas oft gebraucht wird. Es bedeutet vom Wort her »Verstehen« und kann auch als Verstehen im allgemeinen Sinn, ohne Beziehung zum Zen, verstanden werden. Der andere Ausdruck für die Zen-Erleuchtung, »Kensho«, bedeutet wörtlich »Wesensschau« und kommt dem, was hier gemeint ist, viel näher als das Wort »Satori«. Es ist Verstehen nicht nur des Menschseins, sondern des tiefsten Wesens allen Seins.

Im Zen kennt man die Unterscheidung zwischen dem absoluten Sein und dem vielfältigen oder phänomenalen Sein, nämlich dem Seienden, das Form und Farbe hat.

In der Zen-Erleuchtung wird das absolute Sein nicht als Person und auch nicht als Gegenüber erfahren, sondern als Alles, außer dem es nichts im vollen Sinn gibt. Im Buddhismus bevorzugt man, es negativ zu benennen, weil jede positive Ausdrucksweise eine Bestimmung und Begrenzung bedeuten würde; man nennt es »Leere« oder »leere All-Einheit«. Wir würden es lieber einfachhin als die »All-Einheit« bezeichnen, außer der es nichts gibt.

Die Zen-Erleuchtung ist nun die unzweifelhafte Erfahrung dieser All-Einheit. Würde dieses Wissen auf theoretischem Weg oder auf die Autorität eines anderen hin erworben, so würde es im Zen nicht als Erleuchtung anerkannt.

Diese Erfahrung wird nun nicht nur durch die Übung des Zen erworben, sondern ereignet sich auch außerhalb und unabhängig davon. Sie ist vielleicht sogar – besonders in den letzten Jahren – häufiger, als man im Allgemeinen annimmt.

Das grosse und das kleine Ich

Bisweilen ereignet sich die Erleuchtung-Erfahrung anscheinend ohne jede Vorbereitung. Häufiger geschieht es in größter Not, etwa bei zum Tode verurteilten politischen Gefangenen, die in äußerste seelische Bedrängnis kommen. Wenn sie ohne jede Vorbereitung mit Meditationsübungen geschenkt wird, so sind die Empfänger zwar hoch beglückt, wissen aber oft nicht, um was es sich eigentlich handelt, geschweige denn, wie sie damit umzugehen haben. Bisweilen begegnen sie erst nach vielen Jahren jemandem, der sie versteht und beraten kann. Das geschieht nicht selten, wenn sie auf das Zen stoßen.

Man hört gelegentlich die Frage: Wo bleibt in dieser Erfahrung der All-Einheit das Ich, dessen man sich normalerweise bewusst ist? Im Zen unterscheidet man zwischen dem kleinen und dem großen Ich. Das Erstere ist das Ich, das wir meinen, wenn wir im täglichen Leben von uns sprechen. Dieses Ich verschwindet in der Erleuchtungserfahrung. Es ist nur eine Projektion, die sich in der Kindheit allmählich aufgebaut hat. Das Kleinkind macht sich dadurch bewusst, dass es von seiner Umgebung verschieden ist. Außer der Erleuchtung gibt es noch manche andere Gelegenheiten, wo das kleine Ich zeitweilig verschwindet, so etwa in der christlichen mystischen Erfahrung. Aber es erwacht wieder, wenn das Bewusstsein in seine alltägliche Verfassung zurückgekehrt ist. Erst im Augenblick des Todes erlischt dieses Ich endgültig. Anders ist es mit dem »großen« Ich. Im Zen nennt man es auch das »ursprüngliche Selbst«, das jeder Mensch schon immer hat bzw. ist, dessen er sich aber im Allgemeinen nicht bewusst ist. In der Erleuchtung wird er sich nun dessen bewusst, und zwar mit unbezweifelbarer Gewissheit. Er kann dann in ganz neuem Sinn sagen: »Ich bin«. Dieses Bewusstwerden kann sich sozusagen ganz sanft vollziehen. Es kann aber auch mit solcher Vehemenz geschehen, dass der Mensch zu zerbrechen meint.

Erleuchtung – eine reine Tatsache

Eine echte Erleuchtung kann auch mehr oder weniger tief und in ihren Auswirkungen unterschiedlich sein. Letzteres hängt weitgehend davon ab, ob der Empfänger weiterübt und sein alltägliches Leben mit der Erfahrung in Übereinstimmung bringt.

Versucht man, diese Erfahrung, die eben zunächst eine reine Tatsache ist, zu deuten, so wird das Ergebnis je nach der Weltanschauung oder Religion des Einzelnen verschieden sein. Das ist auch dann der Fall, wenn man sich auf die eigene Erfahrung stützen kann und nicht auf andere angewiesen ist. Sie wird anders sein, je nachdem, ob man Christ oder Buddhist ist. Der Buddhist wird das Geschehen mit Karma oder Wiedergeburt in Verbindung bringen, während der Christ es Gnade nennt. Die Erleuchtung ist an sich jedem Menschen möglich. Wenn der dafür notwendige Bewusstseinszustand erreicht ist, so findet sie statt, gleich auf welchem Weg diese Bedingungen geschaffen wurden, ob durch Veranlagung, eigenes Bemühen oder eine sonstige Kraft. Allerdings vermag auch der beste Zen-Meister nicht, diese Bedingungen mit Sicherheit zu schaffen oder seinen Schüler so zu führen, dass sie erstellt werden, selbst dann nicht, wenn ihm der Schüler unbedingte Folge leistet. Denn die Bedingungen, die für die Erleuchtung erforderlich sind, hängen noch von vielen anderen Faktoren ab, die weder der Meister noch der Schüler zu steuern vermögen. Daher sind echte Erleuchtungserfahrungen im klassischen Zen sehr selten. Das gilt auch für die Mönche in Zen-Klöstern, die ihr Leben unter eigens dafür geschaffenen Bedingungen verbringen. Die obige Beschreibung genügt zwar nicht, um hinreichend verständlich zu machen, was das Satori ist oder gar, was es beinhaltet. Schon die Frage nach dem Inhalt des Satori ist ja falsch gestellt, weil es keinen Inhalt im gewöhnlichen Sinn hat. Doch mag diese Darstellung wenigstens manchen irrigen Vorstellungen vorgebeugt haben.

Erleuchtung – eine hochwertige Erfahrung

Man wird heute kaum in Frage stellen, dass die Zen-Erleuchtung und ähnliche Erlebnisse in nichtchristlichen Religionen echte Erfahrungen des Absoluten sind, wenn auch nicht personale. Wären sie personal, so würden sie gleichbedeutend mit der Gotteserfahrung im christlichen Sinne sein. Die Ausformung dieser Erfahrung, vor allem aber der Versuch, sie in Begriffe zu spannen, ist nach der jeweiligen Weltanschauung verschieden. Eine echte mystische Erfahrung sträubt sich eben gegen jede Begrifflichkeit. Daher wird jeder, der es versucht, die ihm zur Verfügung stehenden Kategorien zu Hilfe nehmen, wobei es dann naturgemäß sehr leicht zu Missverständnissen kommt.

Der Buddhist erfährt in der Erleuchtung sein tiefstes Selbst als eins mit dem absoluten Sein und wird dadurch in seinem Glauben an die vollkommene Einheit des Seins bestärkt. Der Christ (oder sonst an einen persönlichen Gott Glaubende) erfährt das Selbst nicht nur in sich, sondern auch in seiner Beziehung zum absoluten Sein. Er erfährt Gott in seinem Selbst, das Selbst wird also nicht in das Absolute »eingeschmolzen«. Trotzdem sagt Meister Eckhart: »Da ist Gott mein Grund und mein Grund Gottesgrund.« Damit ist die für die christliche Mystik typische Liebesvereinigung mit Gott angesprochen. Beide, der Buddhist und der Christ, fühlen sich jedenfalls in ihrer Erfahrung von Furcht und Zweifel befreit und erfüllt von tiefem Frieden und höchster Freude.

Sei es im buddhistischen Sinn oder im christlichen, die Erleuchtung ist ohne Zweifel eine hochwertige Erfahrung und, richtig verstanden, vielleicht die wertvollste, die dem Menschen möglich ist. Wenn man von den Erleuchtungserlebnissen großer Meister liest oder hört und sich etwas eingehender damit beschäftigt, ist daher der Wunsch recht nahe liegend, auch selbst einmal ein solches Erlebnis zu haben.

16.2.93

Krafteinsatz vor und nach der Erleuchtung

Der eine braucht auf seinem Weg zur Erleuchtung mehr Zeit als der andere. Diejenigen, die es am schwersten haben, kommen zur tiefsten Erleuchtung, wenn die Zeit für sie reif ist. Die Zeit, die bis dahin vergeht, ist niemals verloren, denn jeder erfährt auf seinem Weg sehr viel Wertvolles. Verlieren Sie niemals den Mut!

Thomas Merton über das Eintreten der mystischen Erfahrung: »In diesem Augenblick fällt das Bewusstsein unseres falschen, alltäglichen Selbst von uns ab wie ein schmutziges, von Nässe und Kot beschwertes Kleid. Das tiefere Selbst, das zu tief liegt für die Überlegung und Zergliederung, wird frei und versinkt im Abgrund göttlicher Freiheit und göttlichen Friedens.«

Der Prozess auf dem Weg zur Erleuchtung verläuft entgegengesetzt dem diskursiven Denken. Er ist rückläufig bis vor den Anfang des gewöhnlichen Denkens. Da versteht man, dass das diskursive Denken eingestellt werden muss, wenn man zur Erfahrung der eigenen Existenz, zum Satori kommen will. Alles, was auf diesem Wege erworben wurde, muss rückgängig gemacht werden. Alle äußeren Attribute müssen abfallen. Alles muss absterben, damit ein neues Leben entstehen kann. Die Lehre vom Sterben und Auferstehen ist auch im Buddhismus und speziell im Zen bekannt.

Der Weg zur Erleuchtung ist ein Weg der Läuterung, ein Weg der Reinigung. Dieser Weg ist immer schwer, weil ich ihn nicht umgehen kann. Es gibt keine Umwege, und ich darf mir aus falscher Bequemlichkeit nichts vormachen. Eine Täuschung auf diesem Wege ist nicht möglich.

Jeder von uns hat andere Schwierigkeiten, diesen Weg zu begehen. Auf den verschiedenen Stationen des Weges gibt es Momente, wo man zur Selbsterkenntnis gelangt, die einen schwer erschüttern kann.

Im Labyrinth der Läuterungswege

Es handelt sich hier offenbar um eine Reaktion der menschlichen Natur auf den sich innerlich vollziehenden fruchtbaren Umwandlungsprozess, der der Erleuchtung vorausgeht. Die Tränen treten auch bei der Zen-Meditation nicht selten auf, bevor es zur Erleuchtung kommt, besonders während der mehrtägigen Übungen. Viele Personen, vor allem buddhistische Nonnen, sprechen in ihren Erlebnisberichten von den Tränen der Buße (zange no namida). Auch im Zen erfolgt eine Katharsis, eine Reinigung, bevor die Erleuchtung möglich ist.

Die erste Erleuchtung, die man erfährt, ist meistens noch sehr klein, und daher betonen die Zen-Meister immer wieder, dass man insbesondere nach dem baldigen Erlangen der Erleuchtung womöglich noch intensiver weiterüben muss. Nur wenigen gelingt es, sehr schnell zur absoluten Einheit zu gelangen. Über die Erleuchtung sollte man überhaupt nicht viel oder am besten gar nicht mit anderen sprechen. Manchmal wundert man sich über einen Menschen, von dessen Erleuchtung man gehört hat, wie viele Fehler er noch hat. Dieser Mensch ist eben noch nicht an seinem Ziel angelangt. Oft wird der Weg zur Erleuchtung mit einem Labyrinth verglichen. Manche von Ihnen werden das auch schon erfahren haben. Wenn Sie den Weg einmal gegangen sind und sich wirklich von allem losgelöst haben und bis zu einer gewissen Tiefe gekommen sind, können Sie nicht mehr zurück. Man hat dann Erfahrungen gemacht, die man nicht mehr vergessen kann. Gleichzeitig ist man möglicherweise an einen Punkt geraten, wo man einfach nicht weiter weiß. Ob man zum Licht vordringt, weiß man noch nicht mit Bestimmtheit. Es bleibt ein Wagnis. Andererseits sollte jeder wissen, dass keine Mühe umsonst ist und dass es fruchtbar ist, den Weg konsequent weiterzugehen. Man sollte immer das große Vertrauen nicht verlieren, nur so finden wir eines Tages aus dem Labyrinth zum Ziel.

Erleuchtung: ein Punkt, wo das Reden aufhört

Wenn Sie durch Zazen zu einem tiefen Gefühl von Einheit und Frieden gelangen, so bedeutet dies noch nicht die Erleuchtung. Viele Menschen lassen sich durch ein überwältigendes Glücksempfinden täuschen und hören auf, beharrlich weiterzuüben. Unser Lebensproblem, das Problem von Leben und Tod, kann nicht durch Konzentration gelöst werden. Zur Lösung benötigen wir die Erleuchtung und die Personalisierung dieser Erfahrung. Wenn wir uns auch von der Angst vor den Leiden im Leben durch Zazen befreien wollen, so muss die Erleuchtungs-Erfahrung unser Hauptanliegen in der Zen-Meditation sein. Durch Zazen und die Erleuchtung sollen Sie nicht zu einer seltsamen, exzentrischen oder esoterischen Person werden. Sie sollen ein normaler und wahrer und, soweit möglich, ein vollkommener Mensch werden.

Satori oder Wesensschau ist die höchste Erfahrung im Zen, gewissermaßen das Ziel, auf das das Zazen hinstrebt. Das heißt aber nicht, dass man nicht mehr zu üben brauche, nachdem das Satori erlangt ist. Das Zazen soll uns zwar zur Erleuchtung führen, aber damit sind wir noch nicht am Ziel; denn Satori ist kein Dauerzustand. Es sollte daher immer wieder von neuem erlangt werden, bis man auch zur ethischen Vollendung gekommen ist. Erst wenn der Mensch das erreicht hat, ist er wirklich ein Erleuchteter. Es wird daher immer wieder betont, dass man auch nach Erlangung des Satori weiterüben muss. Andererseits ist die Übung des Zazen, nachdem dieser Durchbruch einmal gelungen ist, noch wirksamer als vorher.

Was ist das Satori oder die Wesensschau? Es ist eine Erfahrung, die nach dem Urteil aller, die sie gemacht haben, nicht in Worte gefasst werden kann. Die Zen-Meister lehnen daher auch die Beantwortung dieser Frage entweder ab oder sie antworten in einer Weise, dass die Antwort zu einem Kôan wird, den man erst versteht, wenn man die Erleuchtung selbst erlangt hat.

Auswertung des Satori

Wer bestimmt, ob das Satori erfolgte? Anderseits, wer kann überhaupt Satori tatsächlich erleben? Wie lange muss man üben, bis man zum Satori gelangt? Die Antwort haben wir eigentlich schon gegeben oder wenigstens angedeutet: Man kann dafür keine bestimmte Zahl von Tagen, Monaten oder Jahren angeben. Sicher ist, dass die Übung des Zazen für jeden von großem Werte ist, auch abgesehen von der Erleuchtung. Aber es ist auch richtig, dass diese Erfahrung an sich großen Wert hat. Doch kommt auch in diese Frage eine ganz persönliche Note hinein. Es gibt nämlich Menschen, die irgendwann einmal den starken Drang fühlen, um jeden Preis zur Erleuchtung zu kommen, vielleicht ohne zu wissen, was das eigentlich ist. Ihr Motiv ist nicht Ehrgeiz, sondern ein viel tiefer begründetes Anliegen. Diese Menschen finden dann trotz aller Beschäftigungen in Familie und Beruf immer wieder Zeit, die sich bietenden Gelegenheiten wahrzunehmen, und kommen auch verhältnismäßig sicher zum Ziel.

Andere hingegen fühlen wohl ein Bedürfnis nach dieser Art der Meditation und denken vielleicht auch als ein fernes Ziel an die Erleuchtung, aber einstweilen empfinden sie nicht den inneren Drang, um jeden Preis bis dorthin zu gelangen. Sie sollten sich denn auch nicht auf theoretische Überlegung hin quasi verpflichtet fühlen für den Weg zur Erleuchtung, alles andere liegen und stehen zu lassen, sondern sollten die Meditation erlernen, regelmäßig üben und sich stets bemühen, auch ihr berufliches Leben mit der Meditation zu durchdringen. Sicher haben diese Menschen nicht so viel Aussicht auf die Erleuchtung wie die Ersteren, aber es ist doch nicht ausgeschlossen, dass sie eines Tages das Satori erlangen, wenn sie es gar nicht erwarten. Sie haben den einen Vorteil, dass sie nicht von dem Gedanken an Satori eingenommen sind, was ein Hindernis für die Erlangung desselben wäre.

Erleuchtung ist nur der Anfang

Im Zen wird Satori geprüft, es müssen ganz bestimmte Fragen beantwortet werden. Allein der Eindruck, dass einer die Erleuchtung hat, genügt nicht. Damit jemand Zen-Meister wird, müssen noch etwa 400 bis 500 Kôan gelöst werden, einer nach dem andern, damit die Erleuchtung wirklich integriert wird. Das ist eine notwendige Voraussetzung. Doch es geht auch anders.

Theoretisch kann jeder Mensch zur Erleuchtung kommen, aber das setzt natürlich Verschiedenes voraus.

Die Erleuchtung wird nun konkret geprüft: Man gibt dem Übenden ein ganz bestimmtes Kôan, d.h. eine paradoxe, rätselhafte Begebenheit aus dem Leben der früheren Zen-Meister und -Schüler, ein besonders schwieriges, meist das Kôan »Mu«. Damit üben die Betreffenden dann einige Zeit lang, indem sie beständig das Wort »Mu« wiederholen und versuchen, überhaupt nichts zu denken, nicht zu überlegen, was das ist, sondern nur mit dem »Mu« eins zu werden. Das heißt also: keine Erwartung haben, nicht an Erleuchtung denken. Man empfiehlt den Leuten auch, das zu Hause zu üben und sich bei jeder Arbeit so auf die Tätigkeit zu konzentrieren, dass sie mit ihr eins werden – das bedeutet, ohne Egoismus dabei zu sein.

Das berüchtigte Ego, das so genannte kleine Ich, steht den meisten im Weg, wirklich eins zu werden. Damit wird die Arbeit nicht schlechter, sondern besser. Bei manchen Tätigkeiten kann man auch das »Mu« einsetzen. Es kann dann vier oder fünf Jahre dauern, auch mehr, bis es zur Erleuchtung kommt. Jetzt muss der Mensch die damit verbundene Erfahrung integrieren. Die Umwandlung geschieht nicht allein durch die Erleuchtung, dazu braucht man das ganze Leben. Die Erleuchtung ist nur der Anfang! Wichtig ist, dass der Betreffende an sich arbeitet.

Satori: Der Weg zur menschlichen Reife

Auch wenn man schon einmal Satori erlebt hat und der Zen-Meister es bestätigt hat, steht vor jedem noch ein weiter Weg: die Personifikation oder Integrierung der Erleuchtung. Danach macht es keinen Unterschied mehr, man redet auch nicht mehr von Erleuchtung oder Nicht-Erleuchtung. Das ist alles überflüssig. Und danach kann es sein, dass man Dinge tun muss, die andere nicht verstehen und nicht einfach annehmen können. Und trotzdem muss man es tun. Solche Leute finden Sie heute noch oft in Indien, wo viele ganz radikale Entscheidungen treffen, die ihr bisheriges Leben total verändern.

In Indien ist es seit alter Zeit Sitte, dass der Mensch, nachdem er eine Familie gegründet, seine Kinder erzogen und sie selbständig gemacht hat und gegenüber der menschlichen Gesellschaft den schuldigen Dienst durch seinen Beruf geleistet hat, nun ein ganz neues Leben beginnt. Er wird ein Sadhu oder Wandermönch, der in der radikalsten Armut auf nichts anderes mehr bedacht ist als auf den geistigen Fortschritt und die endgültige Freiheit. Es ist der Weg des Heiligen, der noch bis heute in Indien hoch geachtet ist.

Das ist gewiss nicht zu allen Zeiten und noch weniger in allen Ländern möglich. Aber es gibt doch immer und überall Wege, die zu dieser letzten Vervollkommnung und letzten unverlierbaren Freiheit führen, wenn man nur den Mut hat, sie zu betreten. Gerade in dieser Hinsicht ist auch das Zen ein Weg, besonders dann, wenn er bis zum Satori und darüber hinaus zu dessen voller Auswertung gegangen wird. Von der Erleuchtung kann man sagen, dass im Augenblick, wo sie stattfindet, die gefärbte Brille abfällt oder, wie auch einer gesagt hat, alle äußeren Formen abfallen. Wenn es uns nicht gelingt, bis zu diesem Erlebnis vorzudringen, so wird doch die Brille durch das Nichts des Zazen mehr und mehr durchsichtig.

Zen - Weg oder: die zehn Ochsenbilder

Die zehn Ochsenbilder

Im Zen-Buddhismus hat man die ganze Entwicklung des Zen-Schülers vom Zustand vor der Erleuchtung bis zur Erleuchtung und ihrer vollen Auswirkung durch die so genannten »Zehn Bilder des Ochsen« (juggu-zu) symbolisch dargestellt. Der Verlauf ist kurz folgender: Die Bilder stellen einen Bauern dar, der seinen Ochsen sucht, der ihm davongelaufen ist. Nach vielem Suchen entdeckt er die Fußspuren und schließlich auch den Ochsen selbst. Mit vieler Mühe legt er ihm den Zügel an, aber das Tier sträubt sich noch, ihm zu folgen. Endlich gelingt es ihm, den Ochsen wieder zu gewöhnen, und er sitzt nun, vergnügt die Flöte spielend, auf seinem Rücken. Das Tier geht, wohin er will. Das sind die ersten sechs Bilder. Der Ochse ist das wahre Selbst, das der Mensch verloren hat. Er sucht lange und findet es. Das ist der Augenblick des Satori. Aber die Leidenschaften sind noch widerspenstig, bis er schließlich seiner selbst Herr wird und zur wahren Freiheit gelangt. Auf dem siebten Bild ist er allein. Das heißt, das Ich und sein Herz sind eins geworden. Das achte Bild stellt nur einen leeren Kreis dar: alle Gegensätze sind aufgehoben, selbst der von Erleuchtung und Nicht-Erleuchtung. Das neunte Bild stellt eine Landschaft dar. In der Außenwelt hat sich nichts geändert, aber der Erleuchtete sieht sie mit anderen Augen als vorher. Auf dem zehnten und letzten Bild sehen wir, wie er sich bemüht, auch seinen Mitmenschen den Weg aufzuzeigen, auf dem er selbst das wahre Glück gefunden hat.

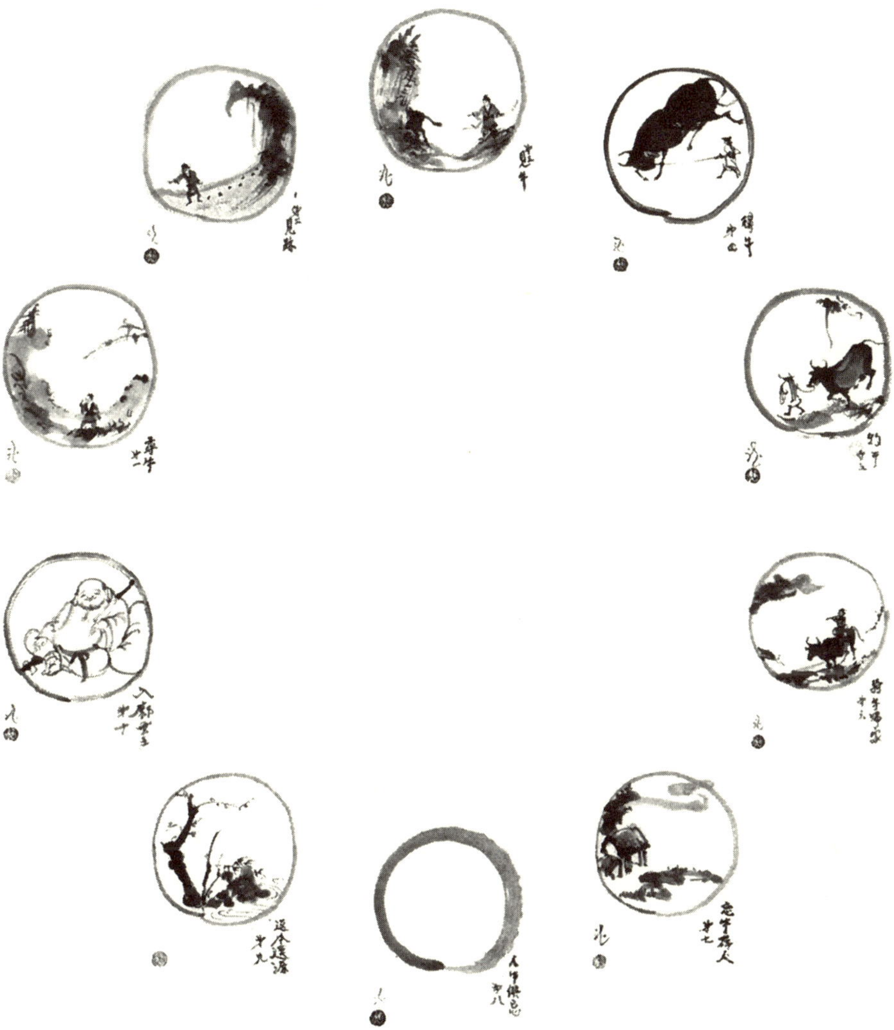

Die Suche nach dem Ochsen

Gefahrvolle Sümpfe und endlose Wälder
durchstreift der Hirte und sucht seinen Ochsen.
Breit sind und ohne Namen die Flüsse am Pfade,
fast undurchdringlich das Dickicht der fernen Berge.
Völlig erschöpft ist er,
verzweifelt ermattet sein Herz.
Wo denn sollte er suchen? Nur der Zikaden Zirpen
trifft im Dämmer des Abends sein Ohr.

Das erste Bild zeigt nur den Hirten, wie er planlos seinen Ochsen, der ihm davongelaufen ist, sucht. Das soll heißen: Der Ochse ist das wahre Selbst, das der Mensch verloren hat. Der Mensch hat erkannt, dass ihm etwas fehlt und er nicht so in den Tag hineinleben darf wie ein Tier, wenn er wirklich Mensch sein will.

尋牛
第一

Das Finden der Ochsenspur

Unzählig die Spuren des Ochsen, die er gesehen
am Ufer des Flusses und unter den Bäumen.
Sieht er dort drüben wohl auch das zertretene Gras?
Wie tief auch die Schluchten der ragenden Berge,
verbergen des Ochsen Nase können sie nicht,
reicht sie doch fast bis zum weiten Himmel.

Das zweite Bild. Nach vielem Suchen entdeckt der Hirte glücklich die Spuren des Ochsen. Der Mensch sucht lange sein Selbst, d.h. der Gläubige liest in den Sutras, den Heiligen Schriften, und hört die Unterweisung über das Buddha-Gesetz während der Zen-Übung. Da beide aus dem Satori hervorgegangen sind, sind sie gleichsam die Spuren des Satori.

見跡

Das Finden des Ochsen

Hell ertönt der Nachtigallen Gesang.
Warm liegt die Sonn' auf den Blättern
der im Winde sich wiegenden Weiden.
Dort entdeckt er den Ochsen,
nichts mehr kann ihn verbergen.
Welch herrliches Haupt, welch stattliche Hörner!
Kein Maler könnt' es erreichen.

Das dritte Bild. Der Hirte sieht die Gestalt des Ochsen von weitem und nur unklar. Er findet das Selbst – das ist der Augenblick des Satori. Der Übende hat wie im Dämmerlicht in einem ersten Satori sein ursprüngliches, eigentliches Selbst entdeckt und an die Wurzeln des Alls gerührt. Wohl ist das schon die Wesensschau, die wahre Erleuchtung, aber man würde sich sehr täuschen, wenn man glaubte, man sei nun am Ziel angelangt.

Von nun an rufen bisweilen Naturlaute, wie das Schlagen der Nachtigall, die Erinnerung an das wahre Selbst wach. Bezeichnenderweise wird der Ruf der japanischen Nachtigall durch eine Art Lautmalerei mit »hô kekyô« wiedergegeben, was so viel heißt wie »Sutra der (Buddha-)Gesetzes-Blume«.

見牛

Das Fangen des Ochsen

Fest ergreift der Hirte das Leitseil des Ochsen.
Mit Mühe nur hält er ihn fest.
Sein Sinn ist noch immer zu heftig,
zu ungestüm seine Kraft.
Bald stürmt er hinauf ins Hochland,
bald strebt er nach Schluchten voll Nebel und Dunst,
um dort zu verweilen.

Das vierte Bild. Der Ochse wird eingefangen, ist aber noch störrisch. Der Hirte ergreift die Zügel und legt sie dem Ochsen an – es hat ihn viel Mühe gekostet –, aber das Tier folgt ihm nicht. Der Mensch hat zwar die Erleuchtung bekommen, aber er ist noch kein Vollkommener. Das soll heißen, dass im Menschen auch nach der Wesensschau noch nicht alle ungeordneten Triebe erstorben sind. Er hat sein Ich noch nicht richtig in der Gewalt. Der Geist ist noch nicht frei. Die Leidenschaften sind noch widerspenstig. Es gibt noch manche Irrtümer, die durch die Erkenntnis der Wahrheit beseitigt werden müssen, und Begehren, die ungezähmt sind, und so bewahrheitet sich das Sprichwort: »Wenn du wahren Frieden haben willst, benütze die Peitsche.«

得牛

Das Zähmen des Ochsen

Straff muss er halten das Leitseil des Ochsen.
Nicht einen Augenblick darf er es lockern
noch geben ihm Raum.
Sonst liefe der Ochse zurück zum morastigen Grund.
Geduldig gezähmt jedoch wird er sauber und sanft,
und ohne Fessel und Seil folgt er willig dem Hirten.

Das fünfte Bild. Endlich gelingt es, das Tier wieder zu gewöhnen. Der Ochse folgt nun willig dem Hirten, der ihn am Seil führt. Er hat ihn soweit, dass er sich führen lässt. Allmählich wird der Mensch Herr seiner selbst, aber es kostet immer noch Mühe, bis er schließlich Herr seiner selbst wird und zur wahren Freiheit gelangt. Dazu wird der Vers zitiert: »In den Bergen gibt es keinen Kalender.« Man muss jeden Tag üben, bis man den großen Weg des Himmels und der Erde gehen kann.

牧牛
第五

Die Heimkehr auf dem Rücken des Ochsen

Auf dem Kopfe den Strohhut
und mit wehendem Umhang,
so reitet er heim auf dem Rücken des Ochsen,
gelassen und heiter.
Weit in den fallenden Nebel des Abends
tönt der Klang seiner Flöte.
Takt für Takt und Vers für Vers
verrät die Stimmung des Hirten.
Wer immer ihn hört, weiß wie dem Hirten zumut' ist.

Das sechste Bild. Der Hirte reitet heimwärts auf dem Rücken des Rindes, vergnügt die Flöte spielend. Das Tier geht, wohin er will. Nun hat er es geschafft, er braucht sich nicht mehr zu mühen. Jetzt ist der Mensch wirklich ein Erleuchteter geworden. Das Selbst, das wir suchten, und unser suchendes Herz sind eins geworden, und weiterhin, das Herz und die Welt sind eins geworden. Aber es geht noch weiter. Wir müssen nämlich diese gegenwärtige Welt zu der machen, die sie sein sollte, zur Welt des Friedens. Das aber ist nur möglich, wenn man die Wahrheit erfasst.

騎牛歸家

Der Ochs ist vergessen, der Hirte bleibt

Heimkehren konnte er nur
auf dem Rücken des Ochsen.
Doch siehe, der Ochs ist verschwunden.
Allein sitzt der Hirte heiter und still.
Schon steht die glutrote Sonne am Himmel,
er aber träumt friedlich weiter.
Unter dem Strohdach liegen nun nutzlos
Leitseil und Peitsche.

Das siebte Bild. Der Hirte allein, ohne das Rind, der Ochse nicht mehr zu sehen. Er sitzt voller Zufriedenheit hinter seinem Haus. Der Mensch ist mit seinem Ich nicht nur einig, sondern eins geworden. Vollkommene Ruhe und Sorglosigkeit sind an die Stelle der früheren Mühen getreten. Es gibt kein Verlangen und kein Nicht-Verlangen mehr. Wir sind ganz und gar in die Welt des Muji, in die Welt des großen Friedens eingetreten. Es gibt keinen Gegensatz mehr zwischen Leben und Tod, Freude und Leid, noch zwischen sonst etwas. Diesen Zustand nennt man mu-ga (wörtlich: Nicht-Ich). Aber das heißt so viel wie: Das Ich und das Herz sind eins geworden.

忘牛存人
第七

Die vollkommene Vergessenheit von Ochs und Hirte

Peitsche und Leitseil, Ochse und Hirt
sind spurlos verschwunden.
Weit, ja unendlich, der tiefblaue Himmel,
nicht mehr beschreibbar im Wort.
Kann denn der Schnee
über loderndem Feuer bestehen?
Ist er dahin gelangt,
kann er dem Geist der alten Meister entsprechen.

Das achte Bild. Kein Hirte und kein Rind, sondern nur ein leerer Kreis. Das soll heißen, dass nun alle Gegensätze aufgehoben sind. Der Mensch ist nicht einmal mehr in der Verfassung, sich zu sagen: Nun habe ich die Erleuchtung. Er hängt nicht mehr an der Erleuchtung. Gegensätze wie Erleuchtung und Nicht-Erleuchtung gibt es für ihn nicht mehr, alles ist für ihn eins geworden. Es gibt keine Anhänglichkeiten an irgendetwas mehr, und in diesem Sinne gibt es weder Irrtum noch Satori, weder Buddha noch Mensch, weder reines Land (Paradies) noch nicht-reines Land. Es gibt auch nicht einmal den Geruch von Satori, geschweige denn einen Schatten von Irrtum. Wer auf alles verzichtet hat, aber noch von seinem Verzicht weiß, der hat noch nicht auf alles verzichtet. Auf dieser Stufe ist man ein Mensch geworden, der über allen Gegensätzen steht.

人牛俱忘
第八

Zum Ursprung zurückgekehrt

Zum Ursprung ist er zurückgekehrt,
zur Quelle, der er entsprang,
doch seine Schritte scheinen umsonst.
Wie blind ist er jetzt und taub.
In seiner Hütte sitzt er
und nach den Dingen da draußen
verlangt ihn nicht.
Grenzenlos fließt der Fluss wie er fließt,
rot blüht die Blume wie sie blüht.

Das neunte Bild. Eine Landschaft. Die Welt aus der der Mensch kam, als er den Weg zur Erleuchtung antrat, ist dieselbe geblieben, genauso wie sich auch die Gegend, in der der Hirte seinen Ochsen suchte, nicht verändert hat. Aber für ihn ist sie doch eine andere geworden. Insofern er nun nicht mehr in der Welt oder an die Welt verloren ist, sondern darüber steht. Es hat sich außerhalb des Erleuchteten nichts geändert. Nur der Mensch selbst hat sich geändert. Er sieht jetzt alles mit anderen Augen. Alles ist jetzt im Frieden. Alles, wovon er sich zuvor mit großer Mühe frei machen musste, kommt ihm jetzt verklärt zurück.

Das Ziel des Zen ist nicht, uns von den Menschen abzusondern und die Welt zu verlassen, um wie ein vertrockneter Baum in Selbstgefälligkeit das Leben nutzlos zuzubringen, sondern in dieser Welt von Wechselfällen und Unbeständigkeit, frei von jeder Knechtung durch hergebrachte Meinungen und selbstsüchtige Tendenzen zu leben.

返本還源
第九

Das Betreten des Marktes mit offenen Händen

Mit entblößter Brust und nackten Füßen
kommt er zum Markte.
Über und über ist er mit Staub bedeckt,
das Gesicht mit Erde beschmiert,
seine Wangen überströmt ein mächtiges Lachen.
Ohne Geheimnis und Wunder
bringt er verdorrte Bäume jäh zum Erblühen.

Das zehnte Bild. Der Erleuchtete geht in die Stadt unter die Menschen, um allen zur wahren Freiheit und Erleuchtung zu verhelfen. Selbst ein gewöhnlicher Beruf schließt nicht von der Erleuchtung aus. Seine ganze Kraft stellt der Erleuchtete nun in den Dienst seiner Mitmenschen. Buddha-Werden heißt, um mit Rinzai zu sprechen, ein wahrer Mensch zu werden, das heißt, ein Mensch, der durch asketische Schulung zur vollen Persönlichkeit gereift ist und auch anderen hilft, wirklich Mensch zu werden.

入鄽垂手
第十

Zeugnisse der Weg-Gefährten

Yamada Kôun Rôshi: Der Meister im Leben

Pater Enomiya-Lassalle kam zu mir als Zen-Schüler, einige Jahre nachdem sein ehemaliger Lehrer, Harada Sogaku Rôshi, gestorben war. Harada Rôshi hatte sich als seinen Dharma-Nachfolger Yasutani Hakuun Rôshi erwählt, von dem wiederum ich die Dharma-Nachfolge im Zen geerbt hatte. So gehöre ich also der Schule von Harada Rôshi an, mit dessen Zen-Lehre Pater Lassalle bereits vertraut war.

Wenngleich Pater Lassalle mein Schüler im Zen ist, kann ich aus der Tiefe meines Herzens sagen, dass er für mich der Meister im Leben ist. Pater Lassalle ist neun Jahre älter als ich. Immer wenn ich ihm begegnet bin, war ich unaufhörlich von seiner tiefen Demut und seinem Großmut in seinem Menschsein beeindruckt, Eigenschaften, die ich zutiefst bewundere und schätze.

Wie ich weiß, verbringt Pater Lassalle einen Großteil seiner Zeit in Europa, wo er Zen-Meditationskurse hält und Menschen spirituell führt und begleitet. Und nach Japan kommt er nur noch einige wenige Male im Jahr. Trotz seines dicht gedrängten Terminplans ruft er mich jedes Mal an, wenn er von Europa zurück ist, übermittelt mir seine Grüße und bittet mich um eine Gelegenheit zum Dokusan. So bin ich außerordentlich beeindruckt von seinem unermüdlichen Geist und seiner Haltung, unaufhörlich auf der Suche nach dem WEG zu sein. Ich möchte hinzufügen, dass ich von Pater Lassalle sehr viel über das Christentum gelernt habe. Obgleich ich schon vorher Kontakt mit dem Christentum hatte, insbesondere seit meiner Jugendzeit mit dem Katholizismus durch eine geliebte Tante von mir und durch einen französischen Missionar, der mich als jungen Mann unterrichtete, habe ich erst durch die Begegnung mit Pater Lassalle als meinem Zen-Schüler viele Dinge über die Bibel der Christen, über die christliche Unterweisung und auch über bedeutende christliche Persönlichkeiten erfahren, die ich als erleuchtete Menschen betrachte.

Karlfried Graf Dürckheim: Er lebt das, was er verkündet

Ich halte Pater Enomiya-Lassalle für eine der wichtigsten Geistesgestalten unserer Zeit. Weil er das lebt, was er verkündet, ist seine Anwesenheit in dieser Welt von besonderer Bedeutung.

Pater Lassalle war zu unserer Freude schon wiederholt kürzere oder längere Zeit Gast in unserem Zentrum in Todtmoos-Rütte. Einfach seine Weise, da zu sein, nicht weniger als der Ausdruck seiner Persönlichkeit im Wort, ist für jeden, der es erlebt hat, von bleibender Bedeutung.

Bei seinem letzten Hiersein nutzte er das letzte Zusammensein im großen Kreis zu einer besonders eindrucksvollen Dokumentation seines Wesens. Er setzte sich in einem Abstand von etwa zehn Metern von den anderen in den Raum und hielt dort etwa zehn Minuten vollständige Stille. Das war und wirkte stärker, als ein langer Vortrag es getan hätte.

Pater Lassalle ist ein lebendiger Zeuge dessen, was er lehrt und verkündet. Ich schätze mich glücklich, ihn als alten Freund bezeichnen zu dürfen. Und jedes Mal ist eine wenn auch nur kurze Anwesenheit von ihm ein fruchtbares Geschenk für alle, die ihn erleben dürfen.

Philip Kapleau Rôshi: Lebendiges Beispiel

Ich bin Pater Enomiya-Lassalle, diesem ungewöhnlichen Menschen, zum ersten Mal im Jahre 1954 während eines Zen-Sesshins unter Leitung von Harada Rôshi im Kloster Hosshinji begegnet. Pater Lassalle ist indirekt dafür verantwortlich, dass ich während der Meditationen im Kloster meinen Sitz auf dem Stuhl aufgegeben und mit der Lotus-Haltung vertauscht hatte. In dem überzeugten Gefühl, dass ein westlicher Mensch keine Hoffnung haben könne, den Lotussitz auszuüben, den ich als sehr schmerzhaft empfand, bestand ich auf dem Gebrauch eines Stuhles.

Dann kam zu einem der Zen-Sesshins in Hosshinji Enomiya-Lassalle, und ich beobachtete, wie er während der Meditation im halben Lotussitz saß. Er war das lebendige Beispiel dafür, dass ein westlicher Mensch in dieser Haltung sitzen konnte. Und so sagte ich zu mir: »Selbst wenn es mich umbringt, werde ich so zu sitzen lernen wie Pater Enomiya-Lassalle.« Schließlich war ich in der Lage, nicht nur im Halb-Lotus sondern auch im vollen Lotus zu sitzen. Ich bin Enomiya-Lassalle wahrhaftig verpflichtet, dass er mir Vorbild und Modell gewesen ist in einer schwierigen Zeit meiner Zen-Übungen.

Ich habe Pater Enomiya-Lassalle auch aus anderen Gründen bewundert. Meines Wissens ist er einer der wenigen Christen, der das Zen dem Christentum angepasst hat, ohne es aus seiner ursprünglichen Form zu lösen; und er hat beständig die tugendhaften Werte der Zen-Unterweisung und der Zen-Übung bewahrt. Indem er noch im fortgeschrittenen Alter von 90 Jahren Zen-Sesshins leitet, personifiziert er die besten Qualitäten eines Zen-Meisters.

Raimon Panikkar: Begegnung in der Tiefe

In den sechziger Jahren fuhr ich nach Hiroshima und besuchte Pater Enomiya-Lassalle. Vieles habe ich vergessen. Eines aber blieb und bleibt fest in meinem Gedächtnis: die Tiefe dieser ersten Begegnung und die konkrete Situation, in der er sich damals befand. Er war in Verdacht geraten; er hatte das Vertrauen mancher seiner eigenen Ordensleute verloren, und Misstrauen der Kirche hatte ihn in seiner Tätigkeit beeinträchtigt. Ich konnte diese Situation, vielleicht aus meiner eigenen Erfahrung heraus, sehr gut verstehen. Ich erlebte einen großen Menschen in einem heiklen und schmerzlichen Zustand. Er war mir gegenüber aufrichtig und offen. Wir wussten uns als Mitbrüder im gemeinsamen Ideal; Mitleidende in gemeinsamer Berufung; verantwortlich für eine, nur dem Anschein nach doppelte, Treue: zur eigenen Religion und zu einer zweiten Tradition. Die Begegnung der Kulturen und Religionen ist keine Spielerei. Er war erst 65 Jahre alt, sein Weg aber schien völlig versperrt: ohne Anhänger, ohne Nachfolger, ohne Aussicht auf Verständnis weder von seinem Orden noch von Rom. Wem sollte er folgen, seinem Gewissen oder seinen Oberen? Gab es einen mittleren Weg?

Pater Enomiya war fast zwanzig Jahre älter als ich. Er hätte also mir behilflich und höflich sein, seine Krise aber für sich behalten können, um sein »Image« zu wahren. Das tat er aber nicht, und so kam eine Begegnung in der Tiefe zustande, ein wahres Treffen, ein Ausschütten unserer Herzen. Mit anderen sprachen wir über theoretische Sachverhalte. Unsere Gespräche miteinander gingen tief ins Existenzielle. Wir wussten, dass der Inkarnationsversuch in einer anderen Spiritualität nicht nur schwer, sondern auch lebensgefährlich sein kann. Es handelt sich dabei um keinen Eklektizismus. Die Prüfung, die bestanden werden muss, ist eine doppelte: die theoretische der richtig verstandenen Orthodoxie, und die persönliche der echten Orthopraxis. Er hat beide Feuerproben überstanden.

Bede Griffiths: Er hielt das Misstrauen durch

Als ich vor vielen Jahren Tokyo besuchte, bin ich Pater Lassalle zum ersten Mal begegnet. Damals begann er gerade mit seiner Arbeit die Methoden der Zen-Meditation zu unterrichten. In der katholischen Kirche war er hierin ein Pionier, und er stieß anfangs auf sehr viel Misstrauen. Zu jener Zeit war der Gebrauch von östlichen Meditationsmethoden von der Kirche generell nicht akzeptiert, und diejenigen, die sie einzuführen versuchten, stießen auf heftigen Widerstand. Aber Pater Lassalle hielt durch und allmählich, insbesondere nach dem II. Vatikanischen Konzil, begann man, die Werte der östlichen Spiritualität zu schätzen. Seit jener Zeit wird die Zen-Meditation zusammen mit anderen buddhistischen Methoden des Vipassana überall akzeptiert. Wahrscheinlich wird Zen wegen seiner psychologischen Methoden am meisten geschätzt.

Viele Katholiken waren in der diskursiven Meditation festgefahren, und die Idee des Nichtdenkens, des Leermachens des Geistes, wurde als gefährlich angesehen. Aber die Notwendigkeit, über die Aktivität des Geistes hinauszugehen und das tiefere Zentrum des »Herzens« im Schweigen und in der Stille zu entdecken, eröffnete eine neue Dimension für die Gebetspraxis.

Neben dem psychologischen Wert des Zen gab es auch die Entdeckung einer spirituellen Tiefe im Gebet. Die Tradition der Kirche hatte die Notwendigkeit für klare Vorstellungen bei der Betrachtung des Glaubensgeheimnisses betont, aber das Bekanntwerden mit Zen half den Menschen zu erfahren, dass das göttliche Geheimnis sowohl Wort und Gedanken transzendiert, und so führte die Praxis der Zen-Meditation zur Wiederentdeckung der kontemplativen Tradition der Kirche.

Es ist die herausragende Leistung von Pater Lassalle, einen Weg zu zeigen, wie Buddhisten und Christen einander begegnen können, ohne die Grundlagen ihrer Religion aufzugeben.

Franz Hengsbach: Ein glaubwürdiger Priester

Ich begegnete Pater Enomiya-Lassalle zum ersten Mal im Jahre 1966. Er hat mir damals den Sitz am Boden mit verschränkten Beinen gezeigt. Er sagte auch, dass er regelmäßig an diesen Übungen teilnähme und dadurch nicht nur ein tieferes Verständnis für die Japaner und ihre Kultur bekäme, sondern sich auch in seinem eigenen christlichen Glauben bestärkt fühle. In der Begegnung mit den Buddhisten fände er zudem missionarische Möglichkeiten; es würde ihm mehr Vertrauen entgegengebracht, wenn die Japaner sich auch in ihrer Kultur und Religion ernst genommen fühlten. Mir wurde bewusst, wie tief dieser Missionar aus seinem Auftrag lebte, um mit dem Hl. Paulus sagen zu können: »Allen bin ich alles geworden« (1 Kor. 9,22). Als er mir am Abend dieses Tages sein eben erschienenes 450-seitiges Buch »Zen-Buddhismus« überreichte, in dem er aus der Sicht seiner Erfahrung die Schätze der christlichen Mystik im Vergleich zum Zen-Buddhismus ans Licht brachte, wurde mir klar, dass ich einem Missionar großen Formates begegnet war. Wir bemerkten auch eine Gemeinsamkeit, die weit zurückliegt: Wir besuchten – wenn auch nicht gleichzeitig – in Brilon das gleiche Gymnasium.

Der Eindruck der ersten Begegnung in Tokyo hat sich durch 22 Jahre hindurch in weiteren Begegnungen vertieft: Pater Lassalle ist für mich überzeugend als Mensch, als Priester und als Jesuit. Es fiele mir nicht schwer, an seiner Person Züge herauszustellen, die ich mir für jeden Priester wünsche. Aber da er selbst wenig über sich spricht, obwohl er als Autor und in seiner Vortragstätigkeit dazu viel Gelegenheit hätte, will ich auch seine Zurückhaltung in den persönlichen Dingen des inneren Lebens respektieren, die ohnedies in großer Deutlichkeit im Zeugnis seines Lebens erkennbar sind. Vielen Menschen in Ost und West hat er einen Weg zum innerlichen Leben erschlossen. Das Ausmaß seines Werkes kennt Gott allein.

Heinrich Dumoulin: Im christlich-buddhistischen Dialog

Pater Enomiya-Lassalle zählt zu den Pionieren des christlichen Dialogs mit dem Buddhismus in Japan. Im Frühjahr 1967 trafen sich im evangelischen Akademie-Haus von Oiso unweit von Tokyo je zehn Gläubige von beiden Seiten, auf christlicher Seite sechs Evangelische und vier Katholiken. Die Zen-Buddhisten gehörten teils der Rinzai-Schule und teils der Sôtô-Schule an. Pater Enomiya war wegen seines großen Verständnisses für die Buddha-Religion, insbesondere wegen seiner Erfahrung in der Zen-Meditation für das Gespräch mit den Zen-Buddhisten in besonderer Weise qualifiziert. Wir lebten fast eine Woche zusammen. Die Christen nahmen an der Zen-Meditation teil, die Buddhisten waren zur Eucharistiefeier und zur Schweigemeditation eingeladen. P. Enomiya-Lassalle fühlte sich in dem geistlichen Milieu ausgesprochen wohl, bald war er eine zentrale Persönlichkeit des Kreises, mit dem viele das Einzelgespräch suchten.

Er spürte beim ersten Zusammentreffen mit der Zen-Meditation eine neue, ihm bisher unbekannte Möglichkeit für den Fortschritt in der geistigen Konzentration und Sammlung. Diese Möglichkeit konnte und musste, so fühlte er, für das christliche Beten höchst bedeutsam sein. So begab er sich auf den Weg der Zen-Übung, mit welch heroischem Einsatz und mit wie viel beharrlicher Geduld konnten seine mit der Zen-Übung vertrauten Zuhörer erahnen. Er erwähnte lediglich den ihm abverlangten Entschluss, sich der Führung des Zen-Meisters zu unterstellen. Inzwischen erlangte er selbst die Bestätigung der authentischen Zen-Erleuchtung, des satori. Auf die Frage, »warum Zen so viel Anziehungskraft für die Menschen im Westen, einschließlich Christen«, hat, lautet seine Antwort: »Das menschliche Bewusstsein macht gegenwärtig eine Wandlung durch«. »Das Zeitalter des rationalen Denkens hat seinen Höhepunkt erreicht und befindet sich im Niedergang.«

Autoren

Yamada Kôun Rôshi, geb. 1907-1989, Leiter und Zen-Meister der buddhistischen Vereinigung »Sambo Kyôdan«, Leitung der San-Un-Zenhalle in Kamakura, Zen-Meister (Rôshi) von Pater Enomiya-Lassalle, Veröffentlichung: Die torlose Schranke »Mumonkan«. Zen-Meister Mumous Koan-Sammlung, mit einem Vorwort von H.M. Enomiya-Lassalle.

Karlfried Graf Dürckheim, 1896-1988, Dr.phil., em. Professor für Psychologie und Philosophie, Psychotherapeut; Aufbau und Leitung der Schule für initiatische Therapie, Todtmoos-Rütte zusammen mit Dr. Maria Hippius-Gräfin Dürckheim. Zahlreiche Veröffentlichungen, u.a. »Hara – die Erdmitte des Menschen«.

Philip Kapleau Rôshi, geb. 1912 in USA. Jura-Studium, Gerichtsreporter bei den Nürnberger Prozessen und jap. Prozessen in Tokio, erfolgreicher Geschäftsmann. Zen-Schüler von Harada Rôshi, buddhistischer Priester, Leiter von »The Zen Center«, Rochester/New York. Herausgeber des Buches »Die drei Pfeiler des Zen«.

Raimon Panikkar, geb. 1918, langjähriger Professor der University of California, Santa Barbara (Department of Religous Studies). Veröffentlichungen u.a. »Gottes Schweigen«, »Den Mönch in sich entdecken«.

Bede Griffiths, englischer Benediktinermönch, 1906-1993, lebte seit 1955 in Indien. Beteiligt an der Gründung des Kurisumala Ashrams in Kerala (1958) und seit 1968 Leiter des Ashrams »Shantivanam« (Wald des Friedens) in Tannirpalli/Tamil Nadu/Süd-Indien. Veröffentlichungen u.a. »Rückkehr zur Mitte«, »Bagavad Gita«.

Franz Hengsbach, 1910-1991, Dr.theol., Bischof von Essen (»Ruhrbischof«), seit 1988 Kardinal. Bischof Hengsbach besuchte Pater Lassalle erstmals in Japan im Jahre 1966.

Heinrich Dumoulin SJ, 1905-1995, Dr.phil., Dr.Litt. (jap. Religionsgeschichte), Dr.theol.h.c., em. Professor der Religionswissenschaft und Philosophiegeschichte an der Sophia Universität in Tokyo. Veröffentlichungen u.a. »Geschichte des Zen-Buddhismus«, 2. Bde., »Zen im 20. Jahrhundert«.

QUELLENNACHWEIS

Hinweis: Die erste Zahl gilt für die Seitenangabe in diesem Buch, die Zahl in Klammern gilt für die Originalausgabe.

Mein Weg zum Zen, hrsg. von Roland Ropers und Bogdan Snela, Kösel-Verlag, München 1988: 14(20), 15(42f.), 16(46f.), 21(66), 26(50f.), 28(94f.), 29(110f.), 43(92f.), 55(77), 116(113f.), 146(120), 148(121), 149(122), 150(125), 153(127), 154(129), 155(130).

Von der Katastrophe zur Erneuerung, Kösel-Verlag, München 1989: 19(14f.), 20(20f.), 24(29f.), 25(112f.), 32(100f.), 33(108f.), 34(109f.), 62(111f.).

Zen und christliche Spiritualität. Bearbeitet und hrsg. von Roland Ropers und Bogdan Snela, Kösel-Verlag, München 1987: 37(94), 39(37), 46(22), 47(24f.), 48(52f.), 50(56f.), 52(47), 56(194f.), 64(14), 65(193f.), 73(40), 81(97f.), 82(72-78), 84(44), 85(21), 98(31), 99(63f.), 100(66), 102(68-71), 103(79), 104(92), 105(187f.), 106(188f.), 109(190), 122(79f.).

Verändert die Praxis des Zen das religiöse Bewusstsein, in: Knut Walf (Hrsg.), Stille Fluchten. Zur Veränderung des religiösen Bewusstseins. Kösel-Verlag, München 1983: 38(31f.).

Zen-Unterweisung. Bearbeitet und hrsg. von Roland Ropers und Bogdan Snela, Kösel-Verlag München 1987: 40(35-37), 42(62f.), 44(42f.), 66(58f.), 68(55f.), 69(68), 70(62f.), 77(54), 78(13), 80(58-60 u. 42), 86(24-26), 87(17), 88(18), 91(24), 92(21), 94(46f.), 95(40-42), 112(70-72), 113(72f.), 114(80), 115(86-88), 119(88f.).

Aperspektivistische Wirklichkeitserfahrung und Manifestationen des Aperspetivistischen. Vortrag an der Evangelischen Akademie Loccum, 5. Juni 1985, in: Leben im Neuen Bewusstsein. Ausgewählte Texte und Fragen der Zeit, hrsg. und erläutert von Roland Ropers, Kösel-Verlag, München 1986: 57(49), 58(48), 60(21f.), 61(39).

Praxis und Vollzug der Meditation, Vorträge 1985/86, in: Leben im neuen Bewusstsein, a.a.O.: 76(106f.), 110(108).

Der Ochs und sein Hirte. Zen-Augenblicke. Mit Kommentaren und ausgewählten Texten von Hugo M. Enomiya-Lassalle. Mit Tuschzeichnungen von TatsuikoYokoo, hrsg. von Bogdan Snela. Deutsche Übersetzung der Texte zu den zehn Ochsenbildern von Guido Joos, Kösel-Verlag, München 1990: 124 (I/1), 126(II/11), 128(III/21), 130(IV/31), 132(V/41), 134(VI/51), 136(VII/61), 138(VIII/71), 140(IX/81), 142(X/91).

Grundlagenwerke der ZEN-Meditation

Hrsg. v. R. Ropers und B. Snela
120 S. Zahlr. Fotos/Abb./Skizzen. Geb.
ISBN 3-466-20285-X

Ein Standardwerk der ZEN-Meditation – nicht nur für Anfänger hilfreich, sondern grundlegend für jeden, der sich auf die tiefen Erfahrungen östlicher und westlicher Mystik einlässt.

Hrsg. v. R. Ropers und B. Snela
144 S. Zahlr. Abb. Geb.
ISBN 3-466-20301-5

Die reich illustrierte Autobiographie von Hugo M. Enomiya-Lassalle – ein authentisches Selbstbild des Brückenbauers zwischen westlicher und östlicher Spiritualität.

Kösel-Verlag München

KÖSEL

online: www.koesel.de